世界の8大文学賞

The World of Literary Awards

立東舎

まえがき

文学賞って何なんだ？　毎年秋になると僕は思う。ノーベル文学賞発表の頃になると、今年こそ村上春樹が獲るんじゃないか、とメディアが大騒ぎする。あるいは芥川賞だ。一月と七月の年二回、発表されるたびに大々的に記者会見が開かれる。最近では、受賞をきっかけとして又吉直樹が『火花』を二五十万部も売り上げた、なんてニュースもあった。

でもね、そもそも文学って地味なものじゃないですか。書斎で作家がコツコツと書き上げたものを、読者が一人きりで一行ずつ読み進める。言葉の手触りを感じながら、脳内で細かく情景を組み立てていく。その過程で感じた喜びは、そう簡単には言葉にならない、ごく個人的なものだ。そうした実感や書き手への密かな感謝と、メディアが煽り立てる世界規模のスペクタクルとは、僕の中ではなかなかつながってこない。

しかし、である。これだけ世界中で本が大量に書かれている時代に、どの本を読むかのヒントってやっぱり必要ですよね。そしてそれぞれの文学賞は、メディアで話題になる、帯に記される、受賞作が書店の店頭で山積みになる、などの形で確実に機能している。

というわけで本書では、世界の八つの文学賞を選び、実際に受賞作を読んでみた。文学賞を獲っている作品って本当にすごいんだろうか。実際に読んでみないとわからないものでしょ。具体的には、小説家や書評家、翻訳家など本にまつわる様々な職業の人々に、一つの賞につき一冊ずつ、合計二四冊選んでもらい、全てを読んだ上、鼎談の形で論じてみたのだ。いやあ、これは思っていた以上に大変でした。なにせ本のプロたちが、この一冊、と渾身の力で選んできた作品ばかりだ。読むだけでもまさに小説との格闘で、しかも鼎談の本番となれば、三人が本気でぶつかり合うんだから。

本書を作る過程で、僕の抱いていた思い込みは清々しいほど覆されていった。たとえば、あれほど大騒ぎするんだから、ノーベル文学賞は世界最高峰の作家を選んでいるに決まっている、という思い込みだ。けれども、実際にはヨーロッパ、特に北欧の価値観に合う作品を書いている作家に優先的に与えられている。だから道徳や人間性の向上といった、わりと古典的なテーマを扱う作家に有利で、くだらないけど面白かったり、前衛的過ぎたりする人は獲りにくい。

しかもノーベル文学賞に並ぶ権威を持つ賞も複数ある。ブッカー国際賞はすでに不動の地位を築いているし、エルサレム賞も素晴らしい選考をしている。つまり、ノーベル文学賞はナンバーワンかつオンリーワン、なんかじゃ全然ないのだ。

日本に目を向けてみよう。芥川賞は日本最高の文学賞、みたいに世間では思われているが、その実態は新人賞だ。ということは、必ずしもその年に一番面白い作品が獲っているわけじゃない。むしろ文学業界への入社試験みたいなもので、それを突破したところで、これからがんばっていきますよ、という宣言でしかない。なのにどうして芥川賞受賞作だけは安定して売れているのか。

あるいは芥川賞と直木賞の関係である。実際に読んでみれば、現代日本語以外の言語が混ざってきたりなど、直木賞受賞作にこそ芸術的な仕掛けがあったりする。しかも芥川賞・直木賞ともに、選考委員がほぼ作家だけで占められているのも謎だ。多様な職業を持つ選考委員が毎年入れ替わるブッカー賞を見れば、偉大な文学賞は作家だけで選ぶ必要がない、ということはすぐにわかる。

世界の文学賞は多様だ。共通点は、生きている作家に与えられる、ということぐらいで、作家の生涯の業績に与えられるもの、個別の作品に与えられるもの、複数回受賞可能なもの、などいろいろある。

実際に各受賞作を読んでみると、今まで知らなかった世界文学の様々な顔を見ることができる。カナダや南アフリカの過酷な環境で生き延びる女性たちを描くマンローやクッツェー、日本と同様の西洋崇拝に縛られたトルコの人々の生きざまを語るパムク、島に住む人々の喜びと悲しみを扱うナイポールや目取真俊。ウエルベックの主人公が追い込まれる現代社会の限りない冷たさには戦慄したし、純粋や感動を好む社会が暴力的なものに変わったとき、弱い人々がどれほどの恐怖を味わうかというロスの作品は、起こり得る悪夢として僕に取り憑いた。

二四冊の力作を読んで僕が感じたことは、まだまだ文学で面白いことは日々起こっている、ということだ。何を読めばいいかわからない、現代文学にはどうも疎くて、という人もいるだろう。でもそれは、周囲に文学について熱く語る友人がいないからだと思う。この本を作るのに集まった一四名＋編集者一名は、全員が文学を深く愛し、文学と共に考え、文学と一緒に生きてきた。今まで文学にいただいてきた御恩を、ぜひとも読者の皆様にお返ししたい。こうした僕たちの試みが、本書で少しでも実現していたら嬉しい。

都甲　幸治

開始年 *First awarded*

1901年：ノーベル文学賞
1903年：ゴンクール賞
1917年：ピュリツァー賞（小説の初受賞は1918年）
1935年：芥川賞、直木賞
1963年：エルサレム賞
1968年：ブッカー賞
2001年：カフカ賞

賞金額 *Prize money*

その年によって異なるが、1億円を超えることが多い：ノーベル文学賞
50,000ポンド：ブッカー賞
10,000米ドル：カフカ賞、エルサレム賞
100万円：芥川賞、直木賞
3,000米ドル：ピュリツァー賞
10ユーロ：ゴンクール賞

受賞対象　*Awarded for*

〔作品〕

芥川賞、直木賞、ブッカー賞
ゴンクール賞、ピュリツァー賞

〔作家〕

ノーベル文学賞、カフカ賞、エルサレム賞

第一回受賞者　*First winner*

ノーベル文学賞：シュリ・プリュドム
芥川賞：川口松太郎
直木賞：石川達三
ブッカー賞：P・H・ニュービー
ゴンクール賞：ジョン＝アントワーヌ・ノー
ピュリツァー賞：アーネスト・プール（1918 年）
カフカ賞：フィリップ・ロス
エルサレム賞：バートランド・ラッセル

※本書のデータは全て 2016 年 7 月時点のものです。

目次 Contents

プロフィール Profiles

都甲幸治
Koji Toko

1969年福岡県生まれ。翻訳家、早稲田大学文学学術院教授。著書に『きっとあなたは、あの本が好き。』『読んで、訳して、語り合う。都甲幸治対談集』(ともに立東舎)、『21世紀の世界文学30冊を読む』(新潮社)、『狂喜の読み屋』(共和国)、訳書にジュノ・ディアス『オスカー・ワオの短く凄まじい人生』(共訳、新潮社)などがある。

中村和恵
Kazue Nakamura

1966年生まれ、札幌市出身。詩人、比較文学研究者、明治大学教授。著書に『降ります』『地上の飯』(ともに平凡社)、『日本語に生まれて』(岩波書店)、詩集『トカゲのラザロ』『天気予報』(ともに紫陽社)、訳書にアール・ラヴレイス『ドラゴンは踊れない』(みすず書房)、トレイシー・K・スミス『火星の生命』(平凡社)などがある。

宮下遼
Ryo Miyashita

1981年東京生まれ。トルコ文学者、作家、大阪大学言語文化研究科講師。著書に『無名亭の夜』(講談社)、訳書にオルハン・パムク『私の名は赤』、『雪』、『無垢の博物館』、『僕の違和感』(いずれも早川書房)、『白い城』(藤原書店)、ラティフェ・テキン『乳しぼり娘とゴミの丘のおとぎ噺』(河出書房新社)などがある。

武田将明
Masaaki Takeda

1974年東京都生まれ。イギリス文学者、東京大学大学院総合文化研究科准教授。共著書に『「ガリヴァー旅行記」徹底注釈』(岩波書店)、『名誉革命とイギリス文学』(春風社)、訳書にハニフ・クレイシ『言葉と爆弾』(法政大学出版局)、ダニエル・デフォー『ロビンソン・クルーソー』(河出文庫)などがある。

瀧井朝世
Asayo Takii

1970年東京都生まれ。出版社勤務を経てフリーライターに。作家インタビューや書評などを多く手掛ける。インタビュー連載に「作家の読書道」(WEB本の雑誌)、「作家と90分」(本の話WEB)など、書評連載に「サイン、コサイン、偏愛レビュー」(『波』)など。

石井千湖
Chiko Ishii

1973年佐賀県生まれ。書評家、ライター。大学卒業後、書店員を経て、現在は書評と著者インタビューを中心に活動。執筆媒体に「読売新聞」「産経新聞」「週刊新潮」「小説新潮」「ジェイノベル」などがある。共著に『きっとあなたは、あの本が好き。』(立東舎)。情報サイトAll About「話題の本」ガイドもつとめる。

江南亜美子
Amiko Enami

1975年大阪府生まれ。書評家、近畿大学、京都造形芸術大学非常勤講師。女性ファッション誌、文芸誌、新聞などの媒体で、数多くの書評や作家インタビューを手がける。構成を担当したものにヤマザキマリ『男性論 ECCE HOMO』(文春新書)など。『きっとあなたは、あの本が好き。』(立東舎)など。

藤野可織
Kaori Fujino

1980年京都市生まれ。小説家。2006年「いやしい鳥」(文藝春秋)で第103回文學界新人賞、2013年「爪と目」(新潮社)で第149回芥川賞、2014年『おはなしして子ちゃん』(講談社)で第2回フラウ文芸大賞。他の著書に『パトロネ』(集英社)、『ぼくは』(フレーベル館)、『ファイナルガール』(扶桑社)、『木幡狐』(絵＝水沢そら、講談社)などがある。

桑田光平
Kohei Kuwada

1974年広島県生まれ。東京大学大学院総合文化研究科准教授。著書に『ロラン・バルト — 偶発事へのまなざし』(水声社)、共著に『写真と文学』(平凡社)、訳書にジョルジュ・ペレック『給料をあげてもらうために上司に近づく技術と方法』(水声社)、パスカル・キニャール『さまよえる影たち』(共訳、水声社、近刊)などがある。

藤井光
Hikaru Fujii

1980年大阪府生まれ。翻訳家、同志社大学文学部英文学科准教授。著書に*Outside, America* (Bloomsbury Academic)、『ターミナルから荒れ地へ』(中央公論新社)、訳書にサルバドール・プラセンシア『紙の民』(白水社)、ダニエル・アラルコン『夜、僕らは輪になって歩く』(新潮社)などがある。

谷崎由依
Yui Tanizaki

1978年福井県生まれ。小説家、翻訳家、近畿大学文芸学部講師。著書に『舞い落ちる村』(文藝春秋)、訳書にキラン・デサイ『喪失の響き』、インドラ・シンハ『アニマルズ・ピープル』、ジェニファー・イーガン『ならずものがやってくる』、ノヴァイオレット・ブラワヨ『あたらしい名前』(全て早川書房)などがある。

阿部賢一
Kenichi Abe

1972年東京都生まれ。東京大学文学部准教授。著書に『複数形のプラハ』(人文書院)、『バッカナリア　酒と文学の饗宴』(共編、成文社)、訳書にミハル・アイヴァス『黄金時代』(河出書房新社)、パトリク・オウジェドニーク『エウロペアナ　二〇世紀史概説』(共訳、白水社、第1回日本翻訳大賞受賞)などがある。

阿部公彦
Masahiko Abe

1966年横浜市生まれ。東京大学文学部准教授。英米文学研究、文芸評論。著書に『英詩のわかり方』(研究社)、『文学を〈凝視する〉』(岩波書店、サントリー学芸賞受賞)、『幼さという戦略』(朝日選書)など。マラマッド『魔法の樽　他十二編』(岩波文庫)などの翻訳もある。

倉本さおり
Saori Kuramoto

1979年東京都生まれ。ライター、書評家。新聞、週刊誌、文芸誌などにて書評、インタビュー、コラムなどを執筆。「週刊読書人」文芸時評担当(2015年)、「週刊金曜日」書評委員、「小説トリッパー」クロスレビュー担当のほか、「週刊新潮」で「ベストセラー街道をゆく!」連載中。

Chapter One

「ノーベル文学賞」

これを獲ったら世界一？

Speakers in This Chapter

話し手＝
都甲幸治
中村和恵
宮下遼

Data

正式名称：ノーベル文学賞
主催：スウェーデン・アカデミー（スウェーデン）
開始年：1901年（1年に1度）
賞金：その年によって異なるが、1億円を超えることが多い。

ノーベル文学賞を「間違って獲っちゃった」人たち

都甲　ノーベル文学賞って、日本ではすごく有名ですよね。これを獲れば世界一だと思っている人も多そうです。そんなノーベル文学賞が選考基準として一番全面に押し出しているのが、「人類にとっての理想を目指す、世界でも傑出した文学者」というものです。最近の受賞者の傾向を考えると、どうやらこの「人類にとっての理想」というのは、「人権擁護」や「国内で迫害されている人を描く」という意味だということがじんわりと伝わってきます。たとえば二〇一五年に受賞したアレクシエーヴィチなら、チェルノブイリやナチスドイツについての本を書いています。

もう一つ言えるのは、受賞者に高齢の人が多いことです。ドリス・レッシングが受賞したときに「死ぬ前にあげないと、と思ったんでしょ」というコメントを出したように、年齢が行けば行くほど獲りやすい。そして何より、ヨーロッパの主要言語しか読めない人が選考委員なわけだから、そうした言語で書いている人が圧倒的に有利です。そして北欧諸国出身だとさらに有利になる。そうじゃない作家は、本人が非常に英語ができるか、あるいは翻訳版がとても優秀だと獲りやすくなる。

つまり、世界の文学賞っぽい雰囲気を出しているけれど、実はかなりヨーロッパ寄りな存在なんです。

中村　そしてオリンピックっぽいですよね。国別対抗というか。国民文学的な作家がたくさん受賞しています。今はそれが段々通用しなくなってきたけれど。あと、やはりインテリ向けというのは確か。

宮下　受賞者であるナイポールやパムクって西欧小説と非西欧圏の国民文学のせめぎ合いの、ある種の分水嶺かもしれませんね。パムクの方はもちろんトルコ本国でも高く評価されていますが、その一方で農民や社会的弱者の困苦を描いたヤシャル・ケマルの評価はときにそれを上回り、「国民的作家」と言えば必ずケマルを指すような状況があります。パムクはイスタンブルの作家で、ケマルはそれより東のアナトリア高原に根差した作家。苦労して都市へ出てきて生活を築いたおじさんたちが手に取るのがケマルなら、パムクの読者はどちらかというと大学生とか教師。海外からの評価と国内の評価が非対称的なわけです。二人の巨匠を比べると、土臭い国民文学の代表者ではなく、欧風の洗練された作家の方がノーベル文学賞を貰ったという事実は、この賞のヨーロッパ性のようなものを表すと同時に、作品の娯楽性にも一定の配慮がなされるようになってきた賞の変化も垣間見せるような気がします。一昔前だったらケマルの「国民文学」に与えられていたでしょうから。

都甲　「バカみたいだけど面白い」とか「めちゃくちゃエロい」とか「アヴァンギャルド

過ぎるけど楽しめる」とかいった作品も書く作家は獲らないですよね。

中村　第一回でトルストイが取り損ねているでしょう。でも、賞の傾向はまさにトルストイっぽい。ある種の理想主義や人道主義が描かれているべきという。

都甲　よくも悪くも道徳的なんですよね。作品も読むと人間として向上できるという、一九世紀っぽい考え方を未だに貫いている。

中村　一九世紀ロシア文学のヨーロッパへの、さらにそこから拡散した世界への影響力って、一種尋常じゃないところがありますよね。それ自体とは幾分ずれた、ぶれたところで巨大化した影響力。そこらへんから始まる「人類のために真実を」といったミッションを背負ったある時代・文化の文学の系譜と、ノーベル文学賞はがっちり結びついている。多分トルストイが第一回で受賞してたほうがわかりやすかった。

都甲　そんなノーベル文学賞ですが、今回紹介する三人はある意味「間違って獲っちゃった」人たちです（笑）。マンローはカナダのド田舎に住んでる普通のおばさんだし、パムクは『無垢の博物館』（早川書房、全二巻）のように変態的な話を面白く書く人だし、ナイポールはそもそもどの国の作家だと言いきれない。ノーベル文学賞を獲った立派な国民文学作家について国別対抗で語り合うんじゃなくて、「ノーベル文学賞獲ったにも関わらず、別の理由でいい作家です」という人たちを紹介したいです。

中村　へそが曲がってるね（笑）。

カナダでギリギリ死なずに生きること

都甲　始めはアリス・マンローの『小説のように』（新潮社）です。僕、長いこと現代の若手の英語圏作品を紹介する仕事をしていたんですけど、最近はおじいさんやおばあさん、それこそ九十歳くらいの人が書いている作品が気になってきました。それであらためて「自分は何が好きなんだろう」と考えたら、「カナダでおばさんが書いた文学が好き」という答えになったんです（笑）。つまり、マーガレット・アトウッドとマンローです。特にアトウッドは僕にとって神に近い存在なんですよ。

中村　カナダ文学ってとにかく女性作家のイメージが強いですよね。スザンナ・ムーディからマーガレット・ローレンス、アトウッド、マンロー。

都甲　マンローがノーベル文学賞を獲ったときに、何で私じゃないの、とアトウッドの機嫌がすごく悪かったってエピソードも大好きです（笑）。小説の内容は意地悪だし、男性の抱いている女性への勝手なイメージをことごとく壊していきますよね。まあ、アトウッドについては第四章で詳しく話すので、この章ではマンローです。

宮下　マンローのどこが好きなんですか。

都甲　マンローのすごいところは、短編一本を読んだだけで、長編を一冊読み切ったくらいの気持ちにさせてくれるところですね。そんなマンローはどういう人かというと、経歴が地味すぎてまたいい（笑）。人口三千しかない町で生まれて、大学を中退したあと結婚して、子育ての合間に細切れに短編を書いていたんです。その後、夫と書店を経営し始めるんですけど、午後からは店番だから午前中だけ机に向かって、地味に書き続けたという人です。

インタビューも面白くて、女性であるというだけで、貧困層の男性が作家になろうとするくらい困難な道だったと言うんです。常に自分には書く権利なんて与えられてないとか、世界の片隅で傍流として活動している、と感じ続けていた、と。そういう人がノーベル文学賞を獲るって、それだけでめでたいですよね。

『小説のように』は短編集なんですけど、英語版では「あまりに幸せ」という別の収録短編がタイトルになっています。この「あまりに幸せ」が面白くて、一言で言うと「カナダのおばさんがロシア文学を書いてみた」という内容です。ソフィア・コワレフスカヤっていう実在の女性が主人公で、彼女はものすごく優秀なんです。でも一九世紀だからロシア国内では女性は高等教育を受けられないし、親の許可なしに国外に出られない。どうしても出国したい彼女は偽装結婚までしてドイツに行くんです。でも大学には結局進めず、尊敬する数学者の家に住み込む形で勉強を続ける。でもいくら世界的な数学の賞を獲ってもなかなか評価されない。その後、好きな男性と再婚しようとしてもうまく行かず……という生涯を見事に再現しています。この作品には、マンローが女性として作家になっていったことの困難も反映されているのかな。レイモンド・カーヴァーに「使い走り」（『象』収録、河出書房新社）という短編があって、これはチェーホフが死んだときの話を書いているんです。英語圏の作家がロシア文学を書いてみる、という試みとしては、ちょっと似ていますよね。

宮下　僕も「あまりに幸せ」が一番好きです。読み応えがあるし、長い作品のほうが好きなので。人間の一生をドラマ化するとき、マンローは物語の構築に当たって一般的に、あるいは映画的演出として期待されるようなドラマティックな出来事を全く使わないですよね。淡々と文章を重ねていく。日常の出来事の連続の途中に、すっとんでもなくひどい出来事が、まるでごく普通のことみたいに差し込まれて、また日常が続いていくような印象です。そのくせ、肩肘張った嗜虐性でそうしているわけでもないのが、ぞっと恐ろしいです。

都甲　他の短編もなかなかひどいですよね。小学生女子が「嫌い」って理由だけで女の子を水中に沈めて殺すとか。こういうのもアトウッドと共通してますよね。アトウッドには、林間学校に行った女の子が森のなかで、お金持ちの子を崖から河に突き落とす「風景による死」（未訳）という短編があります。主人公は都合よく記憶をなくすんですけど、常に森に叱られている気がしてパラノイアになって、結局、部屋の壁を森の絵で埋め尽くしちゃうんです。

中村　似てますよね。森っていうのも重要なキーワードでしょうね。まさにアトウッドが自身のカナダ文学論で言っていることですが（『サバイバル　現代カナダ文学入門』御茶の水書房）、カナダの自然というのはとにかく広大で寒くて、白人入植者にとっては冷酷で容赦がない。人間を殺しにかかってくる自然の前で、彼らは茫然として立ち尽くすほかない。猛烈な吹雪とか氷山にぶつかって、凍って死ぬしかないわけです。その運命にどう立ち向かうのかというのがカナダ文学の一大テーマになるわけですが、面白いことに正面切って立ち向かうのは多くの場合女性。そして救いの手はたいてい先住民からしかやって来ない。大体ひどい目に遭って死ぬ。そういう敵意ある自然の拡大解釈が、気に入らない女の子との関係性にも見出されるかも。

宮下　マンローの短編の登場人物の理想って、言葉にすると別に抽象化する必要もなく一言で言えるようなことですよね。「私は勉学がしたい」とか。でも、それがヴィジュアル的には明示されない。理想は常に頭のなかにあって、そのくせ風景としては提示されないので、そこにすごく閉塞感を感じます。

都甲　マンロー作品の登場人物たちの目標はいつも「ギリギリ死なないこと」だからね（笑）。みんな一歩先のことしか見えていないんじゃないでしょうか。

宮下　暗中模索な日常を一歩一歩しか進んで行かない、いや行けない主人公。

中村　そういう人の意志が、死に直面したときに輝くんですよね。それがカナダ文学、とくに老人が出てくる作品の読みどころでは。死に対峙したときに、サバイバルというものが急に輝き出す。死なきゃいけなくなったときに、その人のなかに立ち上がってくる何かを描いている。

都甲　読んでいると、北米の自然の怖さを感じますよね。たとえばアメリカのフリーウェイを車で走っていると、すぐに辺り一面誰も住んでいないところを延々と行くことになるんです。で、ぽつんと原発だけあったりする。そういうとき「ここで殺されたら五十年は見つからないだろうな」って皮膚感覚でわかるんですよ。で、そう思い始めると、自然がどんどんと迫ってきて苦しくなる。

この短編集にも「木」という作品がありますが、男の人が一回、足をくじいただけで死にそうになるんです。ギリギリで助かったけど、もしジャック・ロンドンの「火を熾す」(『火を熾す』収録、スイッチ・パブリッシング)の主人公だったらこのまま凍って死んじゃう。

宮下　自然が厳しいというのは思ってもみませんでした。そうか、そう言われれば納得です。そういえばアメリカのドキュメンタリー番組でも、国内の森とか山とかでサバイバル生活をする番組をよくやっていますね。「アメリカの大自然と戦う人々」みたいな。北米では、わざわざ山登りなんかへ行かなくても、可能性としては日常のすぐ隣にたった一つの失敗で死んでしまう状況があり得るわけですね。

中村　ギリギリの状況下で、生き延びることだけに集中できるのは女の人のほうなのかも。長期的なヴィジョンとかもうどうでもよくて、目的も見えないまま目の前のことだけに集中して、一歩一歩進んで行くの。

都甲　第八章で紹介するクッツェーの『恥辱』（ハヤカワepi文庫）に出てくる、アフリカの農地で生きる娘にもそういうところがありますよね。理想を抱いていたのでは死ぬ、っていう場面がカナダにも南アフリカにも存在する。理想じゃなくて、あと五ミリ先に、って匍匐《ほふく》前進し続ける感じです。

本の冒頭に収録されている「次元」という短編は、パラノイアの夫のDVについて奥さんが他の家に相談に行っている間に、夫が子ども三人を殺しちゃう話です。その後、回復の物語として話が進むかと思えばそうでもなくて、収容施設にいる夫に面会に行こうとして妻がバスに乗っていたら、目の前で交通事故が起こる。心肺停止の被害者を、彼女は人工呼吸して助けるんですけど、その技術は子どもを殺した夫から教わったものなんです。その結果、無事蘇生に成功すると、もう夫には会わなくていいんだ、って彼女は思う。これ、結局は何とか命をつないでいく話ですよね。都市さえも過酷な自然になっている。アメリカ文学だったら、もうちょっとホロリとさせる展開になると思うんですけど、マンローは事故に遭った人の気道さえ確保できれば十分なんですよ。

宮下　即物的に生きざるをえない感じですよね。
中村　でも、カナダ文学で誰に一番ノーベル文学賞あげたい、って言われたら普通マンローじゃなくてアトウッドじゃない。
都甲　よりノーベル文学賞を獲りそうなのはアトウッドですよね。
中村　へそ曲がりの回ならではのうがった憶測だけど、「あまりに幸せ」は主人公がロシア人で、まさに北ヨーロッパの話でしょう。選考委員には、「彼らの」物語として読まれたと思うの。マンローは素晴らしい作家ですけど、アトウッドより先に獲ったというのは、ノーベル文学賞がよくも悪くも北欧文学賞なんだってことじゃないかって考えてしまう。北欧の人たちが抱えている苦難をシェアしていますからね、「あまりに幸せ」は。
都甲　北欧でだけは女性であるソフィアも大学教授になれたという話も出てきますしね。
中村　もちろんマンローはそんなつもりで書いたんじゃないと思いますけど。私はこの短編集のなかでは「ウェンロック・エッジ」が好き。いきなりおじいちゃんに裸にされるの。それで普通にごはん食べる。
都甲　そのシーンがすごく面白くて、主人公が「食堂の詰め物を施されたなめらかな椅子から体を離すとき、わたしの尻はぴしゃっと音をたてた」って言うんです。自分の尻に自信がないとはいえ、全裸にされてるのに一番気になるのが尻の音なんですもん（笑）。こういう、女性が自分の身体をどう認識しているか、というところが個人的には萌えポイントですね。

中村　極めて変なことが起きているのに、大げさに変化するのではなくて、するっと変な世界に入っちゃう。それにこのシーンも、人気《ひとけ》がないんです。裸にされてるけれど、注目されてない。世間の目とかもない。

宮下　このお尻のシーンもそうですけど、ちょっと前のところであらかじめお尻について言及してフックを仕掛けてありますよね。さらさら読んでしまうけれど、すごく練られた構成と文章に舌を巻きます。

意外と似ているトルコと日本

都甲　次はオルハン・パムクの『僕の違和感』（早川書房）です。これは宮下さんの翻訳ですよね。

宮下　パムクはイスタンブルの裕福な家庭で生まれ育った人間です。そういう意味では基本的には苦労知らずと言ってよいかもしれませんが、その一方で絵描きになる夢を諦め、大学を出てから八年くらいプー太郎をしながら小説を書き続けるという苦しい時期も過ごしています。そこで彼が書いた『ジェヴデト氏と息子たち』（未訳）は、イスタンブルの商家の家族史の態を為す大河小説です。当時、アナトリアの農村を描く作家たちが文壇の大勢を占めていたことを考えると、アフメト・ハムディ・タンプナル以来、久しぶりにイスタンブルという文学的テーマとがっつり取り組んだ作家でした。

テーマ的な特徴で言えば、「幸せとは何か」というスタンダール的な命題に首尾一貫して取り組んでいる点でしょうか。そのため悲恋であろうが、歴史ものであろうが、情感たっぷりでどこか映画的な演出（この点について本人は「自分はヴィジュアルな人間だ」と述べています）で読者の心をぐっと掴む術に長けているようです。以上が一般的な紹介と言えると思いますが、個人的に面白いのは彼の奇想です。『僕の違和感』で言うと、イスタンブルの街の電気料金の徴収の伝票八十年分が電力会社にため込まれていて、それを追うことで人々の人生がわかる、というような本当なのかどうなのかわからない、でもやけにディテールのしっかりした、いかにもありそうな話などです。おそらく誰かから聞いた話を膨らませたんでしょうけれど、それだけで短編、中編になりそうな話を、一つの長編のなかに惜しげもなくいくつも投入していく気前のよさが、僕は好きです。こんなに西欧風な人間のくせに、そこだけトルコ的な御大気質を感じてしまって。ディテールの作り込まれた奇想こそが、物語の要諦だと思います。そういうイタロ・カルヴィーノ的なところを楽しむのもありだと思います。

さて、『僕の違和感』は一九五〇年代にメヴルトという田舎の少年がイスタンブルにやって来て、中学に通いながら路上でボザというキビを発酵させた甘酸っぱい飲み物を売り歩きながら成長し、やがて夫になり、父になり、老いていくさまを描く作品です。この時期のイスタンブルには、メヴルトと同じく地方から移住してくる人が大量にいたので、そういう意味では現在のトルコの都市化の歴史もぎゅっと濃縮された現代史的な物語でもあります。

都甲　連続十時間も路上で売り続けるとか、メヴルトは信じられない働き方をするんですよね。彼のお父さんがヨーグルトを六十キロも担いで売り歩いたりとか。天秤棒を肩に担いだ姿は江戸時代の魚屋さんっぽいですよね。

中村　これを読むと、トルコの人たちは日本の文学好きだろうなって思いますね。物売りとか駆け落ちとか、共通するテーマがたくさんありますもん。

宮下　駆け落ちネタは興味深いです。トルコの小説ではよくある舞台道具なんですが、パムクは主人公が駆け落ちした女性の顔を見たら実は別人だったという爆笑ポイントを作品のかなり最初の方に設けています。これだけ長い小説なのに、最初からこんな調子でこれからどう進むんだと思わせる仕掛けです。パムクの創作ノートは構成とかがカラフルに色分けされていてきれいなんですが、本当に構成力が優れた作家だと思います。女性を書くのが苦手という弱点もありますが。

都甲　みんなが抱いているノーベル文学賞受賞作家のイメージって、固くて難しい純文学を書いていて偉くて頭がいい、というものだと思うけど、パムクはどの作品もめちゃくちゃ面白いですよね。読みやすいし話の展開もあるし、作品の手触りはサルマン・ラシュディの小説に近い気がします。今の世界文学って、高度な上に読んでいて楽しいものになってきてますよね。

宮下　ノーベル文学賞って世界中で「ものすごい賞」だと思われているじゃないですか。そんなとんでもないものを受賞したあと、作家は社会からの外的な影響を受けずにはいられないですよね。ではパムクはどう変わったのか？『僕の違和感』は受賞後二作目ですので、自分の作品が各国語に翻訳されるということをよく意識しながら（日本と似て、トルコでは西欧諸語に翻訳されるのが名誉と認識されています）、しかもトルコ文壇のトップに君臨する自分の地位にもある程度、慣れたあとの作品とも捉え得る。そうなると、テーマ云々というお決まりのアプローチからは見えてこない変化に気がつきます。本作では今までの奇想や、構成の複雑性がやや抑えめになっているようです。前作『無垢の博物館』が、愛を展示する博物館建設という奇想そのものを作品の根幹に据えていたのとは対照的。今までパムクの主人公は必ずインテリでしたが、今回初めて主人公を学がないその日暮らしの無垢な男に据えたことで、奇想につながる屈折的な視線というのが退行して、純然たる家族のメロドラマに焦点が絞られているように思えます。視線の置き位置における冒険といいますか、とにかくそれが一番大きな変化に思えます。

中村　トルコの大河ドラマになりそうな内容ですよね。

都甲　さっき中村さんがおっしゃったように、トルコは日本とどこが似てるのかなって考えて読むのも面白いです。たとえば学校で栄養補給のためにマズい脱脂粉乳と肝油が出るとか、とても既視感がある（笑）。あとヨーロッパやアメリカへのあこがれです。向こうの映画を見たりとか、家族みんなでテレビで『大草原の小さな家』を見るとか、そのまま昔の日本ですよね。ブルース・リーにもあこがれているし、女の人は白人にあこがれて金髪に染めたりするし。こんなに日本に似てる国があるんだ、って驚きます。

宮下　トルコは「戦争に負けなかった日本」という感じですよね。他にも駄菓子のオマケとか、国産サイダーとか、昼日中うろうろしている変なおじさんとか、昭和的な共通点は少なくありませんから、一九世紀前半から半ばという同じ時期に近代化を始めた国同士、日本人ならではの楽しみ方はできるかもしれません。

中村　同じトルコの作家、タンプナルの『心の平安』（藤原書店）も、昭和文学を髣髴させますね。煩悶する青年たちが、ナショナリズムとヨーロッパ憧憬の間で揺れ動いたり、ドストエフスキーにかぶれたり。近代化以降はヨーロッパ文化のいわば周縁になった、でも独自の伝統も強く残る非ヨーロッパ文化圏、という世界におけるポジションは、トルコやインド、日本といった国が共有しているもので、文学作品中の描写にとても似た空気を感じるときがあります。全然違う文化の国なのにね。

都甲　『僕の違和感』の細部は、やっぱりイスラム圏だから日本とは違うんだけど、街に物売りがいることとか、人間関係の作り方、地方と都市の対立、若者が就職して結婚したら妙に勤勉になっちゃうところまで、日本ととても似ている感じがあります。

中村　一方でトルコ特有の状況として気になったのはクルド人のこと。クルド人ではなく東部人って書いてますけど、どうしてなんでしょう。

宮下　改正される前の憲法では、トルコ共和国は単一民族国家という捉え方をされていたので、国内にはトルコ人以外の民族名の人がいるべきではないとされました。クルド語はどう考えてもインド・ヨーロッパ語族の言語で、膠着語であるトルコ語とは全く違う系統なんですが、クルド語はトルコ語の方言だという建前が通されていました。そういう理由で当時はクルドという言い方をしていなかったんです。

都甲　あと、アレヴィー教徒とクルド人がまとめてディヤルバクル人って呼ばれるでしょ。クルド人って呼ばないために共産主義者や東部人と呼んだりして、彼らはいないことにされている人たちなんだけど、みんなその存在を知っている、っていう状況のまま緊迫していきます。民族紛争が隠蔽されながらも重要な要素になっている。

宮下　しかも、クルド人が主人公の親友として出てくるんですよね。パムクはこの作品に、都市生まれのトルコ人の標準的なクルド人観を反映させているようにも思えます。過度に同情するわけでもなく、民族ではなくその先の個人に目を向ける姿勢と言いましょうか。

そもそもクルド人ってものすごく数が多くて、クルド系の友人がいないトルコ系なんていないと思いますし、社会的上昇の機会はいくらでもあります。さきほどお話に出たヤシャル・ケマルはクルド系ですし、トゥルグト・オザルというクルド系で大統領になった人だっているんです。もちろん、差別はないとは言えませんが。

中村 世界最大の少数民族って言われているんですよね。

宮下 だから、山のほうでテロをしている人たちもいれば、三代前からイスタンブル生まれという人もいます。対立していると一概には言えない状況ではあります。クルド問題は難しいです。何が難しいって、クルド人はいくらでもいて、そのなかには色々な人がいる訳ですから、その中にいくつもある意見のどれに力点を置くかで全く見え方が変わってしまいますから。

都甲 作品全体はメロドラマとして面白く読めるんだけど、細かく見ていくといろんな宗派や民族が出てきますよね。この感じって、イスタンブルの普通の皮膚感覚なんでしょうね。

宮下 ちょっとヨーロッパ人の目を気にしているところもありますけどね。

都甲 ヨーロッパと言えば、気になったのは作品におけるドイツの存在です。たとえば中南米やカリブ海の作品だと、登場人物がアメリカ合衆国に行っておしゃれになるとかアメリカかぶれになる、っていうシーンがよくあるでしょ。この作品だと、そうした場所がドイツなんです。

中村 お金をマルクで貯めてるシーンもありましたよね。

宮下 トルコ語で書かれたドイツが舞台の小説って、すごくたくさんあるんです。最初は労働者が大量に出稼ぎしていたのでプロレタリア小説が中心だったんですけど、一九八〇年前後には左派系作家が続々亡命していきました。そういう行き来が昔からあったからなのか、いまでもドイツの文物はいくらでも生活の中に入り込んできます。たとえばトルコのラップ・ミュージックではドイツのトルコ系にドイツ語でラップをやらせたりするんです。多分、歌ってる本人以外、何言ってるかわからないと思うんですけど（笑）。ドイツ帰り、ドイツ生まれはかっこいい、っていう風潮もあるんでしょう。

中村 トルコにおけるヨーロッパって、まずはドイツなんでしょうね。ドイツの工場や廃棄物処理など単純労働の現場で一時期トルコ人が多数働いてましたよね。

宮下 そういう現場に潜入したギュンター・ヴァルラフの『最底辺』（岩波書店）というルポルタージュもありますよね。潜入するために、ドイツ人がトルコ人に変装するという。

中村 八〇年代は世界中にトルコ移民が流出していたみたいですね。オーストラリアの学校にもトルコ移民の子どもたちがクラスにたくさんいました。

宮下 ドイツへは六〇年代から行っていますね。とにかく数が多いですし、トルコへの里帰りなんかは、トルコの小説でも映画でも一ジャンルを築いているように思えます。

都甲　あと、出てくる食べものが全ておいしそうです。ヨーグルト以外はどんな料理なのか全くわからないんだけど（笑）。

中村　トルコ料理の描写はこの小説の楽しみの一つですね。タンプナルの小説でもおいしそうだったけど。ボザ、飲んでみたい。他にも色々気になるものが出てきますね。

宮下　トルコ料理はお世辞抜きでおいしいですよ（笑）。パムクは自国の要素を分りやすい形でしか入れないことがほとんどです。たとえば玄関で靴を脱ぐとか、胡坐をかくとかの有名な生活様式くらいしか言及されません。読書体験が完全に西の作家だからなのかもしれません。でも食べものだけは、トルコ固有のものをたくさん出してくるんです。外国人に見て欲しいのは、やっぱり世界一美味しいトルコ料理なのかな？

中村　そういう話を聞くと、ますますノーベル文学賞ってヨーロッパの文学賞なのねって思ってしまいます（笑）。

カリブ海から世界を考える

都甲　次はV・S・ナイポールの『ミゲル・ストリート』（岩波書店）です。

中村　これはナイポールが最初に書いた本なんですよね。ナイポールの作品のなかで、カリブ海の人々に今でも一番愛されている作品かもしれません。出版されたのは一九五九年で、ちょうど『僕の違和感』のメヴルトがイスタンブルに出てきたくらいの年ですね。少年の目から町を描いた連作短編集です。原文を読むと、この少年の語りは標準英語なんですけど、舞台となるミゲル・ストリートに住んでいる人たちはトリニダード・トバゴ訛りの英語なんです。このミゲル・ストリートっていうのは、当の住人たちはもっとずっと悪い場所があると思っているんだけど、他の地区の人たちにはスラム街だと思われているの。そこに住んでいる主人公は近所のおじさんたち、なんとも味わい深いルーザーたちの人生を眺めて、部分的に関与していくんですけど、最後には試験を受けて奨学金をもらって島を出て行くんです。小さな植民地の優秀な少年に共通する人生の選択ですね。

都甲　ちょっと悲しいんですよね。これ以上成長するには島から出ていかなければならないし、島の人たちはあんなに輝いて見えていたのに、少年が大人になって気づくと、みんなしょうもない人ばかりだった。だけど、立派になった自分のことをいいと思っているかというと、そうでもないんです。むしろあの頃輝いていたおじさんたちこそ自分は愛していたんだなって思う。これは世界中の植民地で起きていることかもしれませんね。

中村　ナイポールってカリブ海の旧英領植民地トリニダード・トバゴ出身だけど、インド系なんですね。いちいち説明されずにさらっと書かれているんだけど、ミゲル・ストリートには実はいろんな民族・人種が隣り合って暮らしてる。奥さんとケンカするたびにラーマーヤナを音読するおじさんとか（笑）。トリニダードの人口の主流はアフリカ系なんですけど、実は四割がインド系。作中に英領ギアナに出稼ぎに行く人がいますけど、英領ギアナ、つまり現在のガイアナも同様にインド系住民が多い。植民地時代、アフリカ系の奴隷が解放されたあと、同じ英領植民地の中で人口が多く農作業に適した労働力が確保できると思われたインドから、各地のプランテーションに大量に人を送り込んだ。インド人の世界規模の人口移動が起こったわけです。つまりナイポールの作品は、そうしたいわゆるインディアン・ディアスポラの一端に生じた物語なんです。

宮下　そういう意味では、舞台そのものがすでにして魅力的ですよね。

中村　ヤード文化という、同じ通りに住む貧乏人が共通の水場を使って路地で煮炊きしたり洗濯したりしている、日本で言う長屋暮しみたいな感じの人々の、驚くほどパワフルで創造力のある生活文化空間が舞台です。そしてこのヤード文化の世界からカリブ海を語った小説の最高傑作が、アール・ラヴレイスの『ドラゴンは踊れない』（みすず書房）。『ミゲル・ストリート』と『ドラゴンは踊れない』には同じ人も出てくるんですよ。

都甲　えぇーっ!?

中村　たとえば『ミゲル・ストリート』にマン・マンって男が出てくるんですけど、『ドラゴンは踊れない』にはタフィーって名前で登場しています。俺がキリストだって突然言い出して、十字架を背負ってみんなに石を投げろって言い出すエピソードの人。この人、本当にいたんです。トリニダード・トバゴの有名人だったんですね。日本人から見たら、何でこんな人が有名人なのって感じかもしれないですけどね。

宮下　ちょっとおかしいけど、地元に受け入れられてはいるおじさんたちみたいな感じなんでしょうかね。トルナトーレの広場おじさんみたいな。

都甲　何だかいつもそこら辺にいる、魅力的な人たちなんでしょうね。

中村　教養とかエリートとかとは無縁の、民衆のなかから立ち上がってくる文化が非常にユニークなんですよね。でも他方で、教養に対するあこがれもある。

都甲　彼らの抱いているあこがれはすごいですよね。優等生と言い張っている子が、ずっと試験に落ち続ける「彼の天職」という話もありますし。しかも同じ試験を、主人公は一発でパスしちゃうんですよ（笑）。

宮下　みんな、演じたい自分をかたくなに、いじましく演じ続けていますよね。

中村　世界の中央にいない人たちの物語なんです。そういう人たちが、世界にあこがれ、本にあこがれ、イギリス文学・文化、あるいはアメリカ映画のギャング・スターにあこがれる。中央にいつまでも自分たちが参与できないから、中央への夢を持ち続けているんです。ラヴレイスが新しいと評価されたのは、そういうあこがれを突き抜けて地元に根を張り続けた、カリブ海植民地でおそらく初めての作家だったから。あこがれる必要はないよ、俺たちの周りにある一見くだらないもの、見下げられてきたもののなかに、世界とのつながりがある。もっと奥まで遡れば、何千年も続いてきたアフリカの伝統も見出せるんだって言ってのけた。一方、そういうものから離れていったのがナイポールなんです。深いあこがれを追って故郷を離れていった。

都甲　ナイポールは島から出たあと、ずっとイギリスで暮らしていますもんね。

宮下　あとから「あいつらまだあの島で生きてるのかな」って思い返したりして、なかなかもの悲しいですよね。

都甲　あこがれてイギリスに出て行って成功することが、そのまま幸せというわけではなかったな、って主人公が思うんですよね。くだらないおじさんたちにあこがれていられたあの頃のほうが、ひょっとしたら楽しかったかもしれない、という前提がある。

登場人物で言うと、ブラック・ワーズワースが特に好きです。彼は星の見方や植物の見方、マンゴーの食べ方なんかを主人公に教える詩人なんです。子どものころはあこがれてたけれど、青年になると、たいしたことない人だったな、って主人公に思われてしまうような人。でもさらに年をとって大人になると、実はすごい人だったかもしれない、という気がしてくるという、ほろ苦くていいキャラクターです。

中村　そういう人々のエッセンスをナイポールが長編にした傑作が『ビスワスさんの家』(未訳)。これはナイポールのお父さんがモデル。やっぱり貧乏な家の育ちで学校にも行けないお父さんが、中央の文化や文学の教養、活字そのものに強烈なあこがれを持っている。

同じインド人の、ちょっといいところのお嬢さんと結婚するんですけど、部屋住みの婿さんで、自分の家が持てない。いつか自分の家を持ちたい、とがんばるわけです。そして書く人になろうとする。本に対するあこがれって、『ミゲル・ストリート』にも出てきますよね。ナイポールの小説で最初に出版されたのは『神秘な指圧師』(草思社)なんですけど、これにも印刷物への飢えとあこがれが書かれています。

『ビスワスさんの家』ではお父さんは新聞記者になり、とうとう自分の家を手に入れる。一家の物語を通してトリニダード社会の変化も語られるので、パムクにも通じるところがありますね。

宮下 『ミゲル・ストリート』って、登場人物みんなが顔見知りの物語ですよね。そのおかげで説明不要のまま物語の本筋に入って行ける気安さと、人間関係の濃密さみたいなものを感じたんですが、『ビスワスさんの家』もそんな感じなんですか。

中村 『ビスワスさんの家』はインド系家族の話なので、さらに距離感が近い。何をしていてもわいわい家族が出てくる。ナイポールって傲慢な人だっていう噂があるじゃないですか。カリブ海でも植民地発の文化をバカにしたといって嫌っている人が多い。講演会で聴衆が作品をちゃんと読んでないって怒って立ち去ったとか、世界中でいろんな話を聞きます。でも、作家としては間違いなく素晴らしい、なにしろ描写力が途方もない。『ビスワスさんの家』を読むと、彼の家にある家具にまで親しくなるんです。ビスワスさんのことは全て、知っているような気がしてくる。アフリカが舞台の『暗い河』(TBSブリタニカ)だと、市場で洗面器に入れた虫を売っている場面で、実際食べたような気がしてくる。細部がすごく印象深いんです。

宮下 ナイポールって、本屋さんでサイードと並べて置かれたりしているじゃないですか。そうすると読むほうも構えちゃうかもしれないけれど、『ミゲル・ストリート』は本当に気楽に読める作品ですね。

中村 それはトリニダード・トバゴのストリートの連中が面白いからっていうのもあるかもね。

都甲 みんなが揉めたり気持ちが高まったりする事件があると、それがカリプソになって人々が歌って、結果的にその曲がものすごく流行るとかいいですよね。その歌がさらに海外でも流行った、なんて書かれている(笑)。普通の人の暮らしを歌った歌が、ある種の歴史であり文学でもあるんでしょうね。アメリカで言えば、黒人居住区におけるラップみたいな感じです。その距離感が面白い。

中村 やはり旧英領カリブ海のアンティグアの作家、ジャメイカ・キンケイドの表現を借りれば「自分自身をスペクタクルにする」かたちの自己発揮、自己表現でしょうか。カリブ海で初めてノーベル文学賞を獲ったのはデレク・ウォルコットですが、英語圏カリブ海のアンソロジーには、ウォルコットとカリプソ歌手のマイティ・スパロウの詞が並んでいたりする。

都甲　ノーベル文学賞詩人と歌手が同格の世界なんですね。ジュノ・ディアスの『オスカー・ワオの短く凄まじい人生』（新潮社）も、冒頭に出てくるのがウォルコットの詩なんです。自分の中にいろんな血が入ってくるから、自分一人で世界だって言い張るという内容なんですけど、カリブ海を基点に世界を考えるというのは新鮮でいいですね。

中村　ヨーロッパにとって最も古い新世界、それがカリブ海。ヨーロッパ人の植民地への態度というのはそこから始まっているし、いくつもの国の間で取ったり取られたりの争奪戦をくり広げたから、言語も何重にも被さっている。結果としてそういうところからたくさん面白い作家が生まれてきたわけです。

国民文学と世界文学

都甲　他にも英語圏の植民地系ノーベル文学賞作家だと、ペルシャ生まれジンバブエ育ちのドリス・レッシングやオーストラリアのパトリック・ホワイトなどがいますよね。

中村　レッシングはイギリスに渡って作家になった人ですけど、植民地育ちであることが彼女の世界観の基本になっている。お父さんがイギリス人なのに、『イギリス人を探して』

（未訳）という自伝を書いていて、これが痛快。お父さんみたいな人が確固たるものと信じているイギリス人って何なんだろう、それもまた一種の妄想じゃないか、って問いが彼女には幼少期からあったんですね。アトウッド的ないじわるさもあって面白い。

パトリック・ホワイトはオーストラリアの、いわば文学的建国を試みたと作家だったと言えるかと。昔から実はオーストラリア国内では一部の知識人層をのぞいてあまり人気がなかった。哲学的でシンボリックでこむずかしい、それからゲイだということで一種のバッシングもありましたね。国外では評価が高かったんですが、九〇年代頃から急に人気が落ちた感があります。国民文学って、今の世界文学と相容れなくなりましたでしょう。それを象徴していると思います。別の角度から読み直すべき作家だと思う。

宮下 確か安部公房が好きだったんですよね、ホワイトは。

都甲 サルマン・ラシュディもインタビューで、ホワイトの作品が好きすぎて彼にファンレターを書いたという話をしていましたね。

中村 彼の評価が下がったというのは、まず国民文学の時代が終わったということ、そしてノーベル文学賞作家にもエンターテインメント性やわかりやすさが求められるようになってきたということかな。

都甲 「国民の代表」っていうノーベル文学賞選考委員の考え方と、現実の横断的な世界文学のあり方がどんどん乖離しちゃっているところはあると思います。そもそも文学って道徳に奉仕するものじゃないですし。

中村　でも、美に奉仕するものでもないし、政治性や論理観はいらない、という政治観や道徳観もこれまた非常に偏ったものですよね。

都甲　想像を超えた場面で、顔の見える相手に対して倫理的にどう動くかを問い直すことこそが文学なんですが……。

宮下　啓蒙の道具ではないですよね。

都甲　むしろ啓蒙の道具にしたらいけないですよね。こうやってあまりノーベル文学賞らしくない受賞作家を見ていくと、少なくとも作品が読まれるきっかけにはなっている訳ですから、この賞の存在は必要悪なのかな、って気がします。

宮下　「国民文学」とか「われら」って言われたって、もうどこまでが「われら」なのかわからない時代になっていますよね。これからもどんどん変化していくと思います。

［三人が選ぶ、今後受賞してほしい人］

都甲　多和田葉子、ジョイス・キャロル・オーツ

中村　ボブ・ディラン、グギ・ワ・ジオンゴ、クリスティーナ・ステッド（死んじゃったけど！）

宮下　イスマイル・カダレ

Chapter Two

「芥川賞」

日本で一番有名な文学賞

Speakers in This Chapter

話し手＝

都甲幸治

武田将明

瀧井朝世

Data

正式名称：芥川龍之介賞

主催：公益財団法人日本文学振興会（日本）

開始年：1935 年（1 年に 2 回）

賞金：100 万円

一番「売れる」新人賞

都甲　芥川賞って、不思議な賞ですよね。新人賞なのに、日本で一番権威も知名度もあって、獲ったら絶対本が売れる。もっとも、対象が新人作家な訳ですから、必ずしもその年に出た一番面白い小説が獲っているわけではないんです。でもとにかく売れる。作品というより、むしろ素敵な新人が業界に現れたことを知りたい、という性格のものなんだと思います。確かに書いた人が大いに注目を集める賞ですよね。最年少とか最年長とか、美女とかイケメンとか。

あと、この賞の大きな特徴は、歴代の選考委員がほとんど作家しかいない、ということです。これも不思議ですよね。読者って作家だけじゃないんだから、もっと色々な職業の人が選考してもいいんじゃないでしょうか。書店員や図書館員、批評家と、本に関わる職業って、もっとありますからね。実際にイギリスのブッカー賞では作家以外の様々な人が選考に関わっています。

武田　歴代の選考委員で作家じゃない人を探しても、評論家の河上徹太郎と中村光夫くらい（中村は創作も発表していますが）。あとは芥川賞作家ですが評論家としても高名だった丸谷才一が、合計で一六年くらい選考委員を務めています。

瀧井 任期も特に決まっていないですしね。本人が辞めるって言わないと辞められないのかな。

武田 あと、都甲さんが「新人」とおっしゃったけれど、どこまでが「新人」なんでしょうね。たとえば今回取り上げる黒田夏子は受賞したとき七五歳でした。知られていない人が新人なのかもしれないけれど、何度も候補になってようやく獲れる人とか、結局獲れないままの人もいます。この辺の基準って、一回目のときから曖昧なんですよね。初回では三島由紀夫は候補にしないという取り決めがあったそうですし、太宰治は初回で候補になったんだけど獲れなくて、二回目以降は候補から外されちゃった。

瀧井 太宰治本人は、欲しくてしょうがなかったらしいですね。

武田 一九三五年にできた賞で非常に歴史が長いから、時代によって役割も変わってきていると思いますね。また、芥川賞というけれど、これは芥川龍之介の没後に友人の菊池寛が作った賞です。菊池寛は作家としても名を残していますが、年齢の近い芥川が若くして文壇の寵児となるのを羨望しつつ（詳しくは菊池の『無名作家の日記』（岩波文庫）を読んでください）、自らは出版業で成功し、文藝春秋社を設立した人。いわば出版社の社長が文壇を盛り上げるために作った賞なんです。だから、マーケットを開拓する意味でも、新人に与える賞にしたんだと思います。けれども、段々と文壇が整備されていくにつれて、新人賞であると同時に一番の権威も持つという、ある種の矛盾も生まれていったんでしょう。

瀧井 年二回受賞者が出ますし、最近は二人同時受賞もよくあります。だから、作家としては「獲っておきたい賞」なんだと思います。三島賞を獲ったあとに芥川賞を獲ることはあっても、その逆ってないですよね。だから、芥川賞って「新人賞の辿りつく一番先」みたいなイメージがあります。

武田 その差も不思議ですよね。どちらもいち出版社の文学賞なのに。三島賞は新潮社がやっていて、講談社には野間文芸新人賞というものがあります。

瀧井 純文学系の作家は、野間賞、三島賞、最後に芥川賞を獲れると「いい並びで来たね」って言われるそうです（笑）。このパターンの人って少ないんですけどね。本谷有希子と笙野頼子、鹿島田真希、そして村田沙耶香くらいでしょうか。

都甲 と、冒頭から色々言ってしまいましたが（笑）、芥川賞の受賞者リストを見ると、実はかなり正しい人が獲ってます。

瀧井 発表されるたびに「え、あの人落としたの!?」と思うんですけど、並べて見るといい作家ばかりだなと納得しちゃいますよね。

都甲 受賞者の数そのものが多いし、受賞した後でがんばった人が多いからじゃないでしょうかね。彼らが現代の日本文学の中核を担っていることは間違いないです。あの人が獲っていないと話題になるくらい、獲るべき人が獲っていないことが少ない。太宰の他には、村上春樹や星野智幸も獲っていないですね。

瀧井 星野さんには獲ってほしかった。

極端にスピードが落ちる読書

都甲 まずは黒田夏子の「ａｂさんご」（文春文庫）です。書き方はすごく複雑だけれど、あらすじはわりと単純です。学者のお父さんと、若くして病死したお母さんと、その一人娘がいるんですね。お母さんが亡くなったあと、お手伝いさんがなかなか定着しないなか、新たに雇った女の人が、どんどんとお父さんと娘の関係を破壊していく。そのうえ、お手伝いさんはお父さんのことを好きになってしまい、二人は急接近します。居場所がなくなった娘は家を出るんですが、いつの間にか父とお手伝いさんが籍を入れていて、お父さんが亡くなったあと財産も家もお手伝いさんにとられてしまう。そういう娘が、お父さんと二人きりだった時代へのノスタルジーと、お手伝いさんへの積年の恨みを流麗な文体で延々と語る本です。

この本に対する評判が激しいから、なかなか読む勇気が出ないですよね（笑）。実際読んでみると、やっぱりびっくりする。横書きだし、カタカナが全く出てこないし、漢字も極端に少ない。そのせいか読みにくいと言われているけど、実は慣れるまで大変なだけで、一度流れを掴めばさくさく読んでいけますよね。内容もそこまで突飛ではないですし。むしろ、読んでいるときの感じはちょっと日本の古典っぽいなと思いました。古典って、ぱって読んでもわからないけれど、注釈を見たりしながら文体に馴染んでいくと、ある瞬間にふっとわかるようになる。その感じに似ています。句読点もカンマとピリオドだし、一見洋風でアヴァンギャルドな作りだと思わせてはいるけれど、むしろ日本の古典をヒントにしながら、日本語文を新しい方向に開いていこうとしている作品なのかなと思いました。読んでいるときの体感を捉えるのが重要な作品です。

武田　「かーど」とか「くりーむ」とか、カタカナを使わないというのは目に見えてわかる特長ですよね。あと固有名が出てこない。普通小説を書くとき、固有名がないとキャラクターの設定ができないですよね。名前がないと、特定のキャラクターの内面を描くときに不都合が生じてしまうので。でも、それをあえてしていない。そう書くしかない何かがあったんでしょうね。

都甲　父親と娘の関係に関しては、あまりに親密だから名前を言う必要がなかったのかなと思いました。お手伝いさんについては、名前を言うことで彼女の存在を認めてしまうのが語り手は嫌なんじゃないでしょうか。基本的には家のなかだけで、誰も名前のないまま、感情だけがぬるぬると動く世界です。どうしても相手を呼ばなきゃいけない場合は、動詞を名詞に変えたような名前にするんですよね。

瀧井　「家出計画者」とか「家計管理人」とか。

武田　「家事がかり」とか呼ぶんですよね（笑）。ウケを狙ってるわけではないんでしょうが、笑っちゃうところがあります。

都甲　すごく狭い場所で、名前がないまま互いに融合したり反発したりする関係の手触りを表現するには、こういう表現しかないのかなと思いました。

瀧井　実は、何度か読もうとしてたんですけど、なかなか最後までたどり着けなかったんです。途中でゲシュタルト崩壊してしまう。ひらがなばかりのところで、何が書いてあるのかわからなくなっちゃう。でも、それがすごく快感でもあるんですよね。毎回読むたびに、違う感覚があって面白い。文字と遊んでる感じで文章を追うのがいいんです。ストーリーラインを深く追うような読み方はしなかったです。

都甲　そこは重要ですよね。わざと読者にストーリーを把握させないように書いてある。だから読書のスピードが極端に落ちるし、一つ一つの表現がものすごく変です。本が詰まった部屋は「いつもほのぐらく洋紙びえがした」とか。こんな表現みたことない（笑）。庭の草刈りをしたら「やがてあるとわかっているものしかない庭となった」とか。もっとシンプルな言い方はたくさんあるだろうけど、あえて読者に考えさせる言い方にしています。

文学の理論的な定義の根本って、内容ではなく表現自体に注目を集めるってことでしょ。この作品の表現って、散文ではなく詩なら普通ですよね。最初はぱっとはわからないけれど、しばらく考えると徐々にわかってくる、という表現方法です。

瀧井 エンターテインメント小説は、どんどんページをめくらせるのがいい小説だと言われますが、こういう純文学系は、一行にどこまで滞在させられるかが勝負でもある。そう考えると「ａｂさんご」はものすごく成功していると思います。

都甲 成功してますよね。時間をかけて読むと、作品のなかの感覚が読者の身体にまで沁みてきます。

武田 純文学でなければできない表現が未だにあるんだなということを、改めて思わせてくれます。同時に、山田詠美が芥川賞の選評で言っていたように、「昔の前衛」っぽくて、時代錯誤だと感じる人もいるでしょう。ただ、この内容ならこの形式で書かないといけない、という著者の強いメッセージは伝わってきます。あえて固有名を出さずに親密さを表現したいっていうのもその例です。また、「家事がかり」がお父さんと住むようになり、語り手が家出をするまでにどういうことが起きたかというと、たとえば家にあった曖昧な空間を全部なくして、整理してしまう。そのことをこの小説は「小いえはたちまち仮寓のすがしさをうしない，こうでしかないという卑しさがひしひしと固定していった」って表現するんですよ。「こうでしかないという卑しさ」という言葉に、居場所を奪われた語り手の様々な情念が集約されているように思えます。

都甲 「家事がかり」がおしゃべりで、ぞんざいな言葉の使い方をする様子が伝わってきます。お父さんも語り手も、一人きりで自分だけの感覚を探求することが好きで、かつお互いでそれを共有できる繊細さも持っています。そこに「家事がかり」がやってきたことによって、お互いに対する解釈や時間の連なりが全部吹き飛んでしまう。単語一つが一つの意味しか持たないような世界に還元されてしまうんです。

そりゃあ主婦の役割をしている人が家のなかを便利なように整理していくのは当然なんだけど(笑)、合理的になっていくことによって、家にもともと存在していた暗さや曖昧さが、どんどん失われちゃうんですよね。全てが光に照らされてしまう。部屋が狭いのにお父さんが大きい回転椅子を買っちゃって、でも全然回転できないのがいい、とか言っていた世界が全部失われてしまうんです。そういう不合理さを好む父と娘の世界と、文学の古典的な考え方が、小説世界で一体となっていますよね。

武田 父と娘との間の曰く言いがたい関係性っていうのは、小説全体に漂っていますよね。音や光が物質のように描かれて、語り手の感覚に文字通り触れてくるような、繊細な描写が色々なところにあります。「そういうものたちの中に放置されてきた年月が，押しいってきた曲のそそりたてによってにわかにへやうちに浮きちらかった」とか。近代以降の、自己と外界が明瞭に区別される世界とは違って、自他の境界も、過去と現在の区別もはっきりしない、汎神論的で時間を超越した世界が描かれています。

都甲　読んでいるともの一つ一つにも意思があって、互いに語り合っているような気がしてくるよね。言葉になるちょっと手前の感覚で父と娘が交流しているという様子を、あえて言葉にするとこういう文章になるんでしょう。

瀧井　そんな作品を、七五歳の人が書いたというのも衝撃的でしたよね。芥川賞って、どうしても作品だけでなく人も話題になるので。会見のときの「生きているうちに見つけてくださいまして、本当にありがとうございました」という言葉も印象的でした。

都甲　色々と妄想しちゃいますよね。子ども時代に過ごした父親との濃密な空間を、黒田さんは一人暮らしの部屋で何十年も維持していたのかな、とか。

瀧井　一人きりで、ずっと書いて直して、を繰り返していたんでしょうかね。そういうところまでつい考えてしまいます。

都甲　「ａｂさんご」を読んでいて、二つの芥川賞作品を思い出したんです。一つは朝吹真理子の「きことわ」(新潮文庫)です。これも古典の文脈を取り入れながら、少女ともうちょっと年上の女性が、身体的にも感情的にも自分と相手の区別がわからなくなるような世界観が描かれています。タイトルも、貴子と永遠子という二人の名前が融合している。あとは階級問題ですね。「ａｂさんご」って、戦前の上流階級が戦後に崩れて、下の階級だったはずの「家事がかり」と同格になっちゃう話でもありますよね。「きことわ」も、登場人物がみんなお金持ちです。そういう点において、九十年代以降の芥川賞作品のメインストリームとはこの二作は異なりますよね。

もう一作は、藤野可織の「爪と目」（新潮文庫）です。これはお母さんが死んじゃって、やってきた継母が語り手なんですよ。

瀧井 確かに似てますね。

都甲 そして彼女と娘とめちゃくちゃに戦うんです。しかも幼児のほうがなぜか腕力で勝っちゃう。継母的なものに対する極端な嫌悪感が「ａｂさんご」と似ています。

瀧井 「ａｂさんご」は、難しいという話をよく聞きますけど、取っつきにくいと思う方は文庫版の江南亜美子さんの解説を読んでみてください。かなり理解の助けになります。

母性と祈り

都甲 次は小野正嗣の「九年前の祈り」（講談社）です。

瀧井 これは、シングルマザーで実家に戻ってきた女性が主人公なんですけど、幼い子どもは困難を抱えている。簡単に言うと、そんな二人が実家に戻り、さらに母の実家がある島に行って戻ってくるだけなんですけど、そのなかで、九年前に地元のおばちゃんたちとカナダに行ったときの思い出が蘇ってくる。みっちゃん姉《ねえ》というおばさんが、カナダの教会で祈っているシーンについて何度も描かれます。

小野さんは、故郷の大分の「浦」を舞台に多くの小説を書いていて、これもその一つですね。芥川賞の候補になったのは、この作品で四度目ということで、ようやくの受賞でした。

都甲 彼はフランスに長いこと留学していて、小説家であるだけでなく、クレオール文学の研究者でもあります。「九年前の祈り」って、小野さんの故郷を書いていることになってますけど、実際に作品に登場するのは、もっと神話的に強調された世界ですよね。

瀧井 初めは故郷のことが書けなくて、フランスに留学して故郷と距離ができたことでようやく書けるようになったっておっしゃってました。だから、土着の日本の地方を書きたいというよりも、〝世界〟を書く人だと思います。「九年前の祈り」にもカナダが出てきますし。

都甲 『読んで、訳して、語り合う。都甲幸治対談集』(立東舎)で小野さんと対談するときに、「九年前の祈り」をかなり読み込んだんですよ。でも、今回改めて読んで新たに気づいたのが、語り手がストレートなように見えて実は異様なあり方をしているということです。視点が不思議なんですよ。村の人たちに寄り添っているようで、「この海辺の町の人たちは叫ぶように喋った」とか、急に距離をあける瞬間がある。こういうところはまるで外国人の視点みたいですよね。つまり語り手は村の内側でも外側でもないところから語っているんです。
文化人類学者って、昔は大体アメリカやフランスなど先進国の出身で、未開地域に研究に行ってましたけど、今はインドネシアなど発展途上国の出身で、アメリカなどで教育を受けたあと自分の国に戻って、自国について研究する人も多いんですよね。「九年前の祈り」って、それに近い気がするんです。浦の人の視点と、フランスから浦を観察している人の視点が一つに重なっている。

武田 主人公の安藤さなえにも、そういう二重性がありますよね。これはかなり意識的に書かれています。九年前に地元のおばさんたちとカナダに行ったときの会話では、彼女は方言を使っているんです。その後、彼女はカナダ人と結婚して東京に暮らしますが、離婚して子どもと故郷に戻ってからは、地元の人と標準語で話している。それで、「東京の言葉しか喋らなくて気取っている」なんて評判が立つ。でも、文島という離島までお守りの砂を取りに行こうとしたりと、意外に土着の風習を信じている面もあるんです。

瀧井 さなえがずっと浦に住んでいたわけではなく、一度出て戻ってきた人間だ、という設定は大きいですよね。

都甲 小野さんのエッセイを読むと、ずっと故郷から出ていきたかった、なんて書いてます。でもいったん出ていったことで、身近なところに面白いものがあるということを発見できるようになったわけですよね。さなえが不倫をしているのを、母親が直感で察知して地元に呼び戻すとか、口に出して言ったら必ず実現するという人々の信念とか、地元っぽい感覚とクレオール文学の呪術的なところがうまく混ざっています。精霊が飛び回って情報交換したり、呪いの言葉がそのまま力を持ったりとかなんて、中南米文学だったら絶対あるやつですよ。

瀧井 マジックリアリズムですね。

都甲 すごくソフトにマジックリアリズムが入っているんです。日本文学の雰囲気を破壊しない程度に。

武田 なかなか子どもができなかったさなえに、母親が「犬を飼っておったら、情が全部その犬に移って子供ができんことなる」というアドバイスをしたり。別に犬は飼ってなかったみたいだけど（笑）。

都甲 こういうの、まさに雰囲気がカリブ海だよね。

瀧井 あと、猿の死体を捨てた手で子どもに触ったから悪いことが起きた、というのもありましたよね。

都甲 捨てた手で汗を拭いたら顔に痣ができて、その手で触った子どもは病気になる。これも呪いですよね。そんなはずない、ってさなえは一度は思うのに、そういえばあの家、犬飼うのやめてから子どもができたよね、ってすぐに納得しちゃう（笑）。

武田 その辺りの構成が巧みなんですよ。現代文学を読みこなしている人だからこそそのうまさだし、文章も読ませる。特に会話の使い方がいい。鉤括弧を使った会話と、そうでない自由間接話法に近い書き方を、すごく自然に使い分けています。

先ほど土着の俗信の権化みたいにお話しした、さなえの母親の描き方も、実はそんなに単純じゃない。母は文島の出身だけど、父は別府から浦にやってきた他所者という設定なんです。でも、父親が文島に移住したがるのに対し、母親はそんな不便なことはできないと一蹴する。地元の人のほうが生活感覚は現実的なんです。作者はマジックリアリズムを踏まえた上でそこも批評して、よりリアルな世界を描こうとしているんじゃないかな。

都甲 地元の人は、土着のものに実はそこまで執着してないって感じですよね。だからJETプログラムで浦にカナダ人が来ても、彼が地元の方言を喋ったり祭りに参加したりするようになると、みんな簡単に受け入れちゃうんですよね。都会よりも外のものに寛容というか。しかもおばちゃんたちがすごく優しいですよね。飛行機で赤ちゃんが泣いていても、赤ちゃんは泣くもんだ、で済ませちゃったり、さなえが文島でさまよってるときも、幻想のおばちゃんたちがサポートしてくれる。そういうところもいい。

武田 モントリオールでみんなで祈る場面もそうですし、閉鎖的じゃないですよね。

都甲 他の作品だと『残された者たち』（集英社文庫）も、外国人が急にやってきます。日本の田舎と外国が、直接つながるんですよね。もしこれが大都市経由だったら形式的というか、とりあえずみんな英語でコミュニケーション、みたいになっちゃう。そうじゃなくて、田舎が直接海外に開いていく感覚を小野さんは書いているんだと思います。もちろん沖縄の作家たちの小説にも、親類が世界中に移民して、といった記述がありますよね。

瀧井 『にぎやかな湾に背負われた船』（朝日文庫）も不思議な船が現れる話ですけど、そこから作品を経るごとに段々と浦の感じが寂しくなっている気がします。過疎化が進んでいるというか。昔書かれた浦のほうが、わちゃわちゃしていました。現実と、小野さんの変化がリンクしているんでしょうかね。作を追うごとに、外国人だとか少年とか、外部からの訪問者が増えている気がします。

都甲 現実世界では、確実に高齢化・過疎化が進んでいるでしょうしね。『残された者たち』では、浦には数人しか生き残っていません。地元を舞台にして作品を作っているけれど、その地元は実際にはどんどんと消滅に向かっているのって、どんな感じなんでしょうね。

瀧井 『線路と川と母のまじわるところ』（朝日新聞出版）はヨーロッパが舞台ですが、移民がたくさん出てきて、母のモチーフも出てきます。この二点は、どこを舞台にしても変わらないんだな、って思いました。前、本人に「どうしていつも母性を書くんですか」って質問したら「僕のなかにリトルおばちゃんがいるんだよね」ってはぐらかされました（笑）。

都甲 小野さんってインタビューでは照れちゃって、ちゃんと答えないんだよね（笑）。

瀧井　恥ずかしいみたいですね、自分のことを話すのが。でも、「母」とか「母性」というものを、すごく真摯に見つめていることはよくわかります。

武田　『九年前の祈り』も、母性についてかなり踏み込んで書いていますよね。一番心を動かされたのは、あえてさなえを視点人物にしていること。育児ノイローゼ気味で、虐待を指摘されても仕方ないような母親を、外から批判するわけじゃなく、内側から描いているのがリアルですよね。文島に行ったときに、なぜかみっちゃん姉が息子の希敏の手を引いているように見えるシーンがあるでしょ。もちろん、客観的に見たらさなえが子どもの手を離しただけなんだと思います。でもさなえの内側から書いているから「どうしてみっちゃん姉がこんなところにいるのか。／いても不思議ではなかった。／理由は知りたくなかった。でもわかっていた」とだけしか言わないんです。その後、子どもを捨てようとしているのに、それがみっちゃん姉に子どもを託す、という形で描かれる。さなえの内面に入っているから、決して子どもを捨てる、とは言わせないんです。

瀧井　単行本の『九年前の祈り』は連作短編になっていて、どの話にもずっと入院している人が出てくるんですが、これってお兄さんのことなんですって。お兄さんに捧げられた本なんです。受賞前に亡くなってしまったそうなんですが、だからこそ、芥川賞をこの作品で獲ったというのは意味があると思います。受賞スピーチにもお兄さんへのメッセージがあります。芥川賞って、そういうところにもドラマがありますよね。本当に小野さんの作品が好きなので、この作品でようやく芥川賞が獲れてよかったなって思いました。最近の受賞で嬉しかったのは、小野正嗣、柴崎友香の「やっと獲ってくれた勢」ですね。

亡霊に足を吸われる男

都甲　次は目取真俊の「水滴」(『赤い椰子の葉』収録、影書房)です。

武田　一九九七年の受賞作ですが、現代の日本でもっと読まれるべきだと思って、あえて選びました。海外でも紹介・研究がされている作家で、最近だと、ニュージーランドの研究者、スーザン・ブーテレイが『目取真俊の世界《オキナワ》』(影書房)という本を出しています。みんな知っているわけではないけれど、好きな人はとことん好きな作家です。

一九六〇年生まれで、大学時代から創作活動をしているんですけど、有名になったのはこの「水滴」がきっかけです。芥川賞以外に、九州芸術祭文学賞も獲った作品ですね。沖縄の戦後の問題を常に考え、かつ行動している人でもあります。『沖縄「戦後」ゼロ年』(NHK出版)という本のなかで、彼は自分のテーマは「戦場の中で沖縄の民衆がどう生き、どう死んでいったのか。生き延びた人達は戦争の記憶を心に刻み込んだまま戦後をどう生きていったのか」だと語っています。

「水滴」は、徳生《とくしょう》という男の右足が、冬瓜《すぶい》のように水ぶくれするところから始まります。それと同時に、彼は意識はあるのに寝たきりのような状態になってしまいます。水ぶくれした足からは、ちょろちょろと水滴が落ち続けているという設定です。毎晩、徳生が一人で寝ていると、その水滴を求めて日本兵の亡霊が列を作って、順々に飲んでいくんです。そういう場面と同時に、徳生が心の奥にしまい込んできた沖縄戦の記憶と、戦争のときに犯してしまった罪の記憶が蘇ってくるという内容です。

こういうふうにまとめると、すごくシリアスに聞こえてしまうかもしれませんが、実際に読むと、かなりコミカルな場面もあります。

瀧井　徳生って、かなりどうしようもない人ですよね。寝たきりになって最初に考えるのが、「訪ねてこないので腹を立てているであろう女達への詫び状」って（笑）。

武田　それに輪をかけてひどいのが、徳生の悪友、清裕《せいゆう》です。この人がコミカルな狂言回しの役割を果たして、作品に立体感を与えていますよね。

都甲　戦争の記憶をどう受け継ぐか、というところは読んでて気になりました。戦後文学というと、被爆体験がある人が原爆を語るとか、沖縄戦に参加していた人が関わるというのが第一世代ですよね。でも、目取真俊は戦後生まれです。戦争体験をした人たちの話を聞いて育った人が、どういうふうに戦争を語るか、というのがこの小説の主題ですよね。徳生が戦時中に恋敵を見捨てるっていう衝撃的なシーンがあったでしょ。

瀧井　最低だ（笑）。

都甲　にもかかわらず、その話は誰にもしない。徳生の戦争体験は「見捨てた」ということが核なのに。それについて語らないために、それ以外の戦争体験をでっち上げてまで色々な学校で講演をし、しかもどういうふうに語ったらウケるかという技術までも彼は身につける。「あまりうまく話しすぎないようにするのが大切」とかまで言い出しちゃう（笑）。結果ものすごく人気が出るんですけど、喋れば喋るほど嘘が重なっていく。これ、本当にあったことなんて人には言えるわけないだろう、という著者の主張もあると思います。体験者は本当のことが言えないから、聞いている者たちは証言をなかなか受け継げない。だからこそ、その継承の失敗のなかに何を読み取れるかを考えることでしか、戦争体験は受け継げない、ということだと思います。その試みとして、この作品はすごい。

武田　目取真俊って、ポストコロニアル文学とかもかなり読み込んでいると思います。でも同時に、というかだからこそ、研究者たちが自分を講演とかに呼んでくれるのは自分の作品が論文として書きやすいからだと思う、とも書いていて（笑）、かなり見透かされてますね。

　彼がすごいのは、戦中・戦後の沖縄の悲惨さをしっかり踏まえた上で、沖縄のなかにある矛盾や偽善というものを、隠さずに描いているところですね。さっき都甲さんの指摘した、徳生の偽善者ぶりには、それが痛切に表れています。

都甲　確かに、相手の期待に応えているうちに、どんどん嘘を重ねちゃう。

武田　そういうところが、生々しい。よくないなあって本人も思うんですけど「しかし、拍手を受け、花束をもらい、子供たちからやさしい言葉をかけられると正直に嬉しかった」っていうのもリアルですよね。意地が悪いのは、これが「家に帰って謝礼金を確かめるのも楽しみだった」って続くところ。容赦ないですね。

かといって、徳生を断罪するのかと言ったらそうではない。彼の罪悪感と、それと分かちがたい気分のよさが、色々なところに表れています。徳生の足の指を兵士たちの亡霊が舐めていく場面も、アイデアとしてはマジックリアリズムから得ているのかもしれないけれど、描き方が実に特徴的です。これは過去の罪に向き合わされる、辛い体験であるはずなのに、グロテスクな姿をした亡霊に足の指を舐められながら、痛みと同時に性的な快感も覚えている。痛みと快楽が渾然一体となって、自分の意志では容易に抜け出せない状態。これは今まで沖縄について語ってきた人たちが、あえて書かなかったことだと思います。

都甲　きれいごとばかりじゃないですもんね。

瀧井　戦争体験を語ってください、って小学校の先生から頼まれても、かたくなに拒む人っていたそうじゃないですか。でも、徳生みたいについうっかり調子に乗って喋る人もいる。それぞれに、言えない部分ってみんなにあるんだろうなって思わせながらも、寓話っぽい雰囲気で話が進むんですよね。シリアスなんだけれども、そのなかに滑稽さがあってこそ人間なんだよ、と示す語り口が絶妙です。

都甲　ティム・オブライエンの『カチアートを追跡して』（新潮文庫）のようなベトナム戦争ものも、パロディや笑いがあるんだけど「戦場での体験は語ることができない」みたいなことが核としてあります。ちょっと目取真俊と近いですよね。あまりにもシリアスなことを言うには、むしろ笑いをまぶすしかない、というか。

武田　決して読みにくくはないんだけど、すごく複雑な関係を描いた作品ですよね。ついコミカルに書いてしまうというのも、悲劇として沖縄の戦争を書ききってしまうと、それはそれで違う、という感覚が目取真俊にはあるからだと思います。悲劇として語ってしまう言説こそ、作品中の言葉を使うと「嘘物言い《ゆくしむぬ》」、嘘になりかねない。戦争の悲惨さを共有し、「感動」することによって、過去を乗り越えた気になってしまうかもしれないから。歴史を文学的なカタルシスに押し込めることも、嫌なんだと思います。だから、みじめな人をコミカルに描くし、悲劇というより悲喜劇なんですよね。そうでないと書けない閉塞感というのもあると思います。

この作品でも、徳生が過去の罪を克服して、救いを得たのかと考えると、どうもそうとは思えない。

瀧井　同郷の戦友である石嶺の亡霊が徳生の足から水を飲んで、「ありがとう。やっと渇きがとれたよ」って言うんですけど……。

武田 そのあとがすごい。「きれいな標準語でそう言うと、石嶺は笑みを抑えて敬礼し、深々と頭を下げた」っていうのは両義的ですよね。二人とも沖縄の同じ村の出身なのに、標準語でお礼をする。

瀧井 明らかに違和感がありますよね。

武田 本心で「渇きが癒えた！」って言うんだったら、方言で語るはずですよね。石嶺の亡霊と徳生の間に、本当に通じるものがあったなら。標準語って、要するに軍隊用語ですよね。あえて標準語で語らせて、敬礼までさせているっていうのは、本当に徹底していますす。救いがあるようでない。徳生も、別に更正するわけもなく飲んだくれのまま。この煮え切らない閉塞感がかえってリアルだと思いました。

都甲 言葉の効果っていうのはありますよね。「九年前の祈り」でも、大分県南部の方言が効果的に入っていましたけど、目取真俊の沖縄語の使い方もすごくいい。印象的なのは、徳生が地元の子どもたちに語るときですら、標準語で話さないと通じないというところです。だから標準語で喋ろうとするんだけど、そうするとうまく言いたいことが言えなくなる。そういう、一つの言語が終わってしまう過程を強く感じます。

武田 それはかなり意識的にやっていると思います。他の沖縄出身作家だと、崎山多美も沖縄の言葉（ウチナーグチ）を使って印象的な作品を書いていますが、その辺りについては沖縄の作家のなかでも意見が分かれるようで、目取真俊は『沖縄「戦後」ゼロ年』のなかで次のように語っています。「私も『水滴』でウチナーグチを一部で使っていますが、限定的な使い方で、決して実験的な使い方なんかじゃないということは、これまでも言ってきました。「本土」の人達だけでなく、沖縄の若い人達も大半がすでにウチナーグチを理解しなくなっているんですから、それを前提にして書いている」と。つまり、彼のウチナーグチの使い方も、制約を意識しているんです。

瀧井　土着性が強く、沖縄という場所について再度考えさせられる話ではあるけれども、と同時にここに書かれる人間の姿は普遍的。寓話的な展開にしたことで、いつの時代、どの国で読んでも通じる話になっているところが私は好きです。戦争の被害者・加害者、あるいは善人・悪人という二項対立では分けられないグレーな部分を描いている点で、著者への信頼も抱きました。

都甲　あと、奄美も含めた沖縄文学をもっと広く捉えたらいいんじゃないかと思いました。海外に移民した人とその子孫もそうだけど、大阪や東京に出てきた人の子や孫で、小説家になった人についても考えてみたらどうでしょう。具体的に言えば、町田康は親が奄美出身だそうですし、又吉直樹もそうです。そういう、一見作品中で沖縄の土着的なものを使っていない人でも、本土の文化への違和感や、標準的なものとは違う語りの導入が作品にも見られますよね。こう考えると「沖縄文学」って、実はもっと広くに存在しているんじゃないでしょうか。

芥川賞は断裂している

武田　一九八〇年代の芥川賞って、該当作なしがやたら多いでしょ。

都甲　半分くらいそうですよね。

武田　この時代こそが、村上春樹だったり高橋源一郎、島田雅彦、よしもとばななという人たちが活躍し始めて、日本文学が根本的に変わっていった頃なんですよね。ここで該当作なしを連発したというのは、芥川賞が時代についていけなくなった時期なのかなと思います。

都甲　ここで受賞作の傾向に断裂があるんですね。七〇年代までの受賞者、たとえば中上健次みたいな感覚と、九〇年代以降の受賞者の感じは違いますよね。ここらへんで賞がアップデートされたんだ。

瀧井　なるほど。

武田　九〇年代に入って変わったんだと思います。

瀧井　二〇一五年下半期の受賞者も、滝口悠生と本谷有希子ですしね。かなり変わったと思います。最近はがっかりする受賞者がいませんね。

都甲　今回取り上げた三作はいずれもそうした変化のあとに受賞したものでしたね。そしてどれも日本文学を辺境や島から見ています。もっとも、「ａｂさんご」は閉じこもった部屋からでしたが（笑）。そういう周縁のほうから考え直すというのは、面白い傾向ですね。

［三人が選ぶ、今後受賞してほしい人］

都甲　温又柔

武田　上田岳弘、崔実、木下古栗

瀧井　いしいしんじ、青木淳悟

Chapter Three

Speakers in This Chapter

話し手＝
都甲幸治
宮下遼
石井千湖

読み始めたら止まらない「直木賞」

Data

正式名称：直木三十五賞
主催：公益財団法人日本文学振興会（日本）
開始年：1935 年（1 年に 2 回）
賞金：100 万円

面白くて何が悪い

都甲　直木賞って、芥川賞と並んですごく有名ですよね。日本全国津々浦々、どんなに小さい本屋でも、直木賞と芥川賞の受賞作は売っています。でも、実際どういう賞なの、とか、芥川賞と直木賞の違いって何、とか言われると、なかなか説明できない。

調べてみると、芥川賞は文芸誌に載った純文学の作品が対象の新人賞で、短編や中編に与えられます。だから、日本で純文学の作家になろう、とする人は、それくらいの長さの作品をいくつも書くんです。それで芥川賞が獲れたら、作家としてなんとかやっていけるね、という雰囲気になります。

直木賞は、対象作品が全然違います。大衆小説というかエンタメ小説が受賞するものだし、対象の作家は、中堅かそれ以上です。ときには五十代や六十代の書き手が獲ったりする。つまり、既にある程度実績があって、今後も書いていけるだろう作家、他の賞も獲っているような作家の作品に与えられるんです。

宮下　獲るまでが大変な賞、というイメージですよね。

都甲　僕は正直今まで「直木賞の作品を読もう」とか「直木賞作品だから読もう」とか、

そういう意識で読書したことがなかったんですが、今回みなさんが挙げてくれた作品が、みんなよかった。

石井 ならよかったです。都甲さんって直木賞のイメージがなかったので、どう読んでくるんだろうって思ってました。

都甲 どれも読んでいて「面白くて何が悪い」という気持ちになりました。さっそくみなさんのおすすめ本について話していきましょう。まずは東山彰良『流』（講談社）からです。

台湾の歴史を日本語で読む

石井 『流』は二〇一五年に直木賞を受賞した作品です。二〇〇〇年代に入ってからの受賞作の中でも特に好きなんですよ。中島京子の『小さいおうち』（文春文庫）とかもそうですけど、一族の歴史を描いた小説が好きなんでしょうね。

宮下 受賞作では、他にどんな作品がお好きなんですか。

石井 辻村深月『鍵のない夢を見る』（文春文庫）や、朝井リョウ『何者』（新潮文庫）みたいな、狭い世界を深く掘り下げた作品も好きです。でも、一冊選ぶなら『流』がいいかなと。

都甲　どういうところがですか。

石井　まず、東山彰良のルーツ自体が面白くて。一九六八年に台湾で生まれて、九歳のときに日本の福岡に移り住んだ方です。『流』の主人公は、東山のお父さんがモデルだそう。冒頭に引用されている「魚が言いました・わたしは水のなかで暮らしているのだから／あなたにはわたしの涙が見えません」という詩も、お父さんが作ったもの。自分の家族の歴史を、フィクションを交えて書いているんです。

一つの家族を通して、台湾の歴史も描いています。総統として台湾を長く支配していた蔣介石が死んだ一九七五年、主人公のおじいさんが殺されるところから物語は始まります。祖父の死の謎を引きずって、エリート高校生だった主人公は不良少年になり、様々な事件に巻き込まれながら流浪していく。青春小説でもあるんです。

あと、これを取り上げたかったもう一つの理由は、都甲さんに読んでほしかったから（笑）。

都甲　そのおもてなし精神は、なぜですか？（笑）

石井　『流』を読んで、都甲さんが訳されたジュノ・ディアス『オスカー・ワオの短く凄まじい人生』（新潮社）を思い出したんです。翻訳家の大森望も同じことをおっしゃってましたけど。

都甲　確かに近いものがある。

宮下　『オスカー・ワオの短く凄まじい人生』、今日持ってきてます（笑）。

石井　東山彰良とジュノ・ディアスって同世代なんですよね。生まれ故郷とは別の国で育ったけど、いわゆる移民文学とは全く異なる小説を書いている。複数の文化をハイブリッドしたような作風が共通していますし、面白いポイントですよね。

どちらの作品にもサブカルチャーの知識が盛り込まれていて、語り口もポップだから、若い人が読んでも楽しめるんじゃないでしょうか。

都甲　僕も『オスカー・ワオの短く凄まじい人生』との共通点はすごく感じていました。『流』の主人公は、日本に移民するわけではないけれど、東山彰良は非常に若い頃に日本に来ています。そしてジュノ・ディアスはドミニカ共和国からアメリカにやってきて、二つの言語の間でものを考えている。『流』には中国語が大量に登場しますよね。

石井　そうなんです。『オスカー・ワオの短く凄まじい人生』にたくさんスペイン語が入っているみたいに。

都甲　たとえばバンドの名前や登場人物の発言が、そのまま中国語として漢字で書かれているんですよ。

宮下　音楽の「ブルース」が「藍調」って書かれてたり。

都甲　そうそう。それで日本語のひらがなでルビが振ってある。

石井　「去死啦《くたばれ》」みたいに。

都甲　今、漢字を使っている国って、中国と台湾と日本だけでしょ。だからか、日本語の小説のなかに日本の漢字表記で中国語が混じっていても、そんなに違和感がないんですよね。すごく自然な感じで二つの言語が混ざっている。

最近、僕は中国語の勉強をしているので、こういう漢字を見ると、ちょっと中国語の発音で音が聞こえてくるんです。日本語と中国語の二つの響きが混ざっていて、舞台も台湾、日本、中国の山東省と三つの国にまたがっている。『オスカー・ワオの短く凄まじい人生』もドミニカとアメリカを行ったり来たりする。どっちの作品も移民文学のステレオタイプではないんですよね。昔の移民文学って、貧しい国から来てすごく苦労して大変な目に遭って、みたいな話ばっかりだったんですけど、これはそれだけじゃない。大きく移動しながらしぶとく生きていく様が書かれている。こういう新しい、いい移民文学が日本でも書かれているんだなあって思いました。

宮下　自分の「故国」の言葉を使ってポリフォニックな雰囲気を演出しつつ、どっちの言語も知っているからこそできる言語的越境のような冒険が試みられていますよね。漢字がわかる日本人だからこそ、中国語の部分も何となくは理解できるだろうというギリギリの線を弁えつつルビを振っているんでしょうし。そういう意味では、先ほど都甲さんがおっしゃっていた「漢字文化圏の人が楽しめる」ようにもできているみたいですよね。

都甲　漢字ってすごいなって思いますよね。

石井　表意文字の面白さというか。
都甲　中国語の右に書かれてるルビがさ、日本語だけでしょ。左側に中国語の音も振ったら面白いと思う（笑）。そうすると読みにくくなっちゃってマズいかもしれないけれど。
石井　エンタメですからね。
都甲　普通だったら、芥川賞のほうが先端的なことやってて、直木賞のほうがエンタメだからユルいのかな、と思いがちですが、『流』を読むとその考えが覆されますね。
　だってこれ日本文学じゃないでしょ。日本語では書いてあるけれども、ほとんど日本人が出てこないし、舞台もほぼ日本じゃない（笑）。そういうものが平気な顔して受賞して、なおかつ日本でたくさん売れる。直木賞のほうがより激しいものを生み出してるなと思ってびっくりしました。
石井　作者自身が、海外文学をすごく読んでいる人なんですよ。
都甲　ブコウスキーが好きだと聞いたことがありますね。
石井　中国語もできる方ですし、日本文学・海外文学って括りで読んでいないのかもしれない。『流』の二冊前に出された『ブラックライダー』（新潮文庫、全二巻）もすごく面白くて、ほとんどコーマック・マッカーシーの世界。『ザ・ロード』（ハヤカワepi文庫）みたいな世界を舞台にして、西部劇が展開されるんです。
宮下　どこが舞台なんですか。

石井　二二世紀のアメリカとメキシコです。六・一一と呼ばれる大災害が起こった後、食糧不足を補うために人肉食が当たり前になっているという設定なんですね。殺人鬼であり救世主でもある黒騎士の伝説を背景に、老保安官とならず者の兄弟、そして牛と人のあいだに生まれた美少年が一大活劇を繰り広げます。

『ブラックライダー』の次に出した『ラブコメの法則』（集英社文庫）という小説には、マリオ・バルガス＝リョサの『継母礼賛』（中公文庫）が引用されていました。ミステリーやSFといったジャンル小説が好きな人だけではなく、ふだん直木賞受賞作を読まない文学好きにも、東山彰良の作品は読んでほしいです。特に『流』は家族の話だから、初めての人も入りやすい。誰にでも家族はいますしね。

都甲　『流』のヤクザっぽいというか、家族のためなら命も投げ出すとか、兄貴と弟分みたいな関係性、仁義の世界みたいなものも僕は大好きです。自分の兄貴分とか、世話になった人はみんな家族だ、みたいな感覚ですね。あと、不良が日本の学ランを着ているところも面白い。ヤンキー文化が台湾にも流れ込んでたんだなあって。

石井　私は映画の『パッチギ！』を思い出しました。

都甲　あと『流』を読んでいてすごく感じたのは、日本人の台湾に関する無知です。それを小説形式で補おうとする作者の意思を凄まじく感じます。

石井　内省人と外省人の確執とか、なかなか知らないですよね。

都甲　内省人は日本の統治下で育ったから日本語もできて、日本への反発心もそんなにないけど、外省人は戦後に台湾に移り住んだ人だから、歴史も言語も全く違うんです。そういうことも、この作品を読んでいくとどんどんわかる。

あと、温又柔『台湾生まれ 日本語育ち』（白水社）っていう本があるんですけど、この人は内省人の家系です。東山彰良は外省人の立場にいるので、それとは視点が全然違っていて、比べて読むとさらに面白い。

石井　複雑で悲劇的でもある歴史を語っているのに、全然説教くさくないところも素晴らしい。女性キャラクターが元気な人が多いのも大好きなポイントです。よく喋るし、生命力があって、自分の意思がはっきりしている。

宮下　直接話法のところが特に生き生きしてますよね。だから読みやすい。台湾の白色テロとか、言葉だけは知っていても内容は漠然としか伝わっていない時代の隣国人がどんな風に暮らしていたかなんて、なかなかアクセスできないストーリーに思えます。フィクションに感銘を受けて、事実を扱う歴史学へ入っていく人も少なくないですよね。そういう意味では『流』はフィクションですけれど、台湾史へ入って行く入り口にもなり得るなと思いました。

辺境のハードボイルド

都甲　同じ直木賞でアジアが関連する作品だったら、金城一紀の『GO』（角川文庫）も好きで、在日韓国人の生活が、青春ものとして嫌みなく描かれていました。その『GO』と二〇〇〇年上半期に直木賞を同時受賞したのが次の本、船戸与一の『虹の谷の五月』（集英社文庫、全二巻）です。『流』は台湾でしたが、『虹の谷の五月』はフィリピンの話ですよね。

宮下　直木賞は作品が獲る賞ですが、作家のそれまでの事績に対しての表彰でもあるというイメージがあります。そういう作家のバイオグラフィーも含めての紹介が面白そうなのは、寺内大吉か佐藤賢一か、船戸与一かなと思ったんです。そのなかでも、船戸与一はずっと世界の辺境と紛争を描いている作家で、第三世界の文学史をやっている人間としては親近感もありましたので、今回持ってきました。

船戸与一は早稲田大学の探検部出身で、卒業後に一度出版社勤務をしていますが、すぐに辞めて世界を放浪し、以降は帰国して出版社に勤務、また放浪を繰り返しながらやがてフリーのルポライター、ついで小説家になった方です。

石井　もともとノンフィクションの人ですよね。

宮下　はい、豊浦志朗名義で『叛アメリカ史』（ちくま文庫）なども書いています。あとは外浦吾朗という別名義で『ゴルゴ13』（リイド社）の原作もやっていました。『叛アメリカ史』もそうですが、きれいな都会よりも辺境の鉄火場がなにより好きで、特異な作家だと思います。

　そんな彼の作品の中でも、やや異色なのが『虹の谷の五月』です。この作品までは、南米、ウイグル、西サハラ、東欧など、海外の紛争地域が舞台で、大体は日本人のアウトローが主人公になっています。一方、この作品の前後から船戸の興味は舞台としての日本近代に向かっていくようにも見えます。さて、『虹の谷の五月』の主人公は、ジャピーノと呼ばれる、日本とフィリピンの混血の少年、トシオです。現地の子が主人公というのは、船戸作品では珍しいんですよ。

　舞台はフィリピンのセブ島です。トシオはおじいさんと闘鶏用の軍鶏を育てて生活しています。セブ島は民族独立運動が激しい地域です。そして、そのジャングルの奥には「虹の谷」と呼ばれる場所があって、円形虹が浮かぶ伝説的な景勝地として知られているんですが、みんな行き方がわかりません。虹の谷への道を知るのはただ一人、トシオだけです。そして虹の谷へ至るジャングルには新人民軍の生き残りであるホセという孤独な革命家が暮らしています。このトシオとホセが、言うなれば善人サイドということになります。

船戸与一作品の真骨頂は、悪人サイドです。たとえば日本人と結婚した、クイーンと呼ばれるシルビア。彼女は自分の体さえも交渉の道具にします。

石井　でもキスはさせない（笑）。

都甲　あの感じ、もろに『ゴルゴ13』だよね（笑）。

宮下　それに賄賂まみれの地元の官憲バルガスや、当局側の官僚的な融通のきかなさがよく出ている国民警察軍のバヤボ。こういう悪人たちが、みんな「虹の谷」という本来なら自然の美しいはずの場所にホセが隠れているということで、みんな欲望混じりにトシオに連れて行けと言って、そのたびに銃撃戦や殺し合いが起きるんです。

船戸与一の作品って、多分欲望を描いているんですよね。どの作品を読んでも、舞台を変えつつ、特に男の欲望、金銭欲と肉欲が描かれています。それらに、どんなにきれいなものでも平らげられていくっていう世界。僕は船戸与一の作品のなかでも一九世紀のシャクシャインの乱から百年後くらいの北海道を舞台にしてアイヌたちの独立運動について描いた『蝦夷地別件』（小学館文庫、全三巻）が好きなのですが、これなんかは特に船戸の描く欲望が顕著に表れている。アイヌ騒乱を利用して、ユーラシアの反対側で祖国独立を企むポーランド貴族も、アイヌを虐げる和人も、盲目になった主人公が褥に溺れて迎える終幕も、人の欲望の行きつく先には、無常しかないという船戸の哲学みたいなものをよく表しているかと思います。

それに比べて『虹の谷の五月』は、主人公トシオが激しやすいけれど純粋、とてもわかりやすいキャラクターですし、最後までその無垢さを失わないので、そういう意味でやや異色なんです。だからこそ、直木賞受賞に結びついたんだろうと思いますけど。すごくフィクショナルな純粋さを持つ主人公を配置することによって、欲望塗れで腐りきった船戸ワールドがとてもわかりやすく整理されている印象です。

石井 あと、出てくる食べものが不思議。ゲリラ用非常食のコウモリの干し肉とか食べたくなりました。

宮下 他の作品も舞台が辺境ばかりなので、色々出てきます。取材に行けば、作品の地域性を際立たせるためにも、現地の食べものを小説に出したくなるんでしょうね。ただ、色々な料理名が出てくるんですけど、登場人物たちはみんな栄養補給のためだけにそれを口に突っ込んでいる（笑）。きっと船戸作品の男たちにとっては、食欲は二の次なんでしょう。

石井 妙においしそうに感じましたけどね、私は。

宮下 確かに、バルガスの食事はまずそうですけど、多感なトシオの食事はおいしそうかも。いずれにせよ、船戸与一は日本を代表するハードボイルド作家だと言えると思います。

都甲 他の作品もこういう雰囲気ですか？

宮下 大体こんな感じですね（笑）。好きな人は大好きな雰囲気。だからこそ『虹の谷の五月』は少年が主人公というだけで異色なんです。いつも通りだったら「トシオもまた欲に染まり」っていう感じになって終わると思うんです。

石井 船戸与一入門編、という感じですね。これが気に入ったら、もっと濃いやつが待ち受けてますよって。

宮下 救いようのない方向へいらっしゃい、ってなります（笑）。

都甲 船戸作品の魅力は色々あるんだろうけど、たとえば純文学と比べて明確にストーリーがありますよね。ピンチがあって奮闘があって、仲間が助けにきたりして、何とか切り抜けるとまたピンチになって、って、次どうなるんだろうってどんどん読ませる。人間の根源的な欲望として、物語欲ってあると思うんだよね。そういうのは抑圧しなければいけないという不文律が純文学にはあると思うんだけど、逆に船戸与一の作品は物語欲の塊みたい。

石井 常にクライマックスなんですよね。

都甲 そう。初めにも言ったけど読んでいると「面白くて何が悪い」って思えてくる。これはこれで気持ちいいです。あと、始めのほうはトシオがすぐに騙されたりして、けっこう間抜けに描かれてるでしょ。あざといなあと思ってたけど、下巻まで読むと彼はものすごく成長する。成長を読者に体感させるために、あえて前半では間抜けにしているんですね。だからこの作品は、ハードボイルドであると同時にＲＰＧみたいとも言える。

宮下 成長物語ということですか。

都甲 まさにそう。問題が起こったときに周りの人に訊くと、必ず全ての謎が解けるわけ。どうせお前死ぬ運命だから教えてやろうって、悪人がきっちり全部話してくれる（笑）。しかも、長い作品だから読者がこの内容忘れたかなって頃になると、もう一回説明してくれるんですよ。

石井 めちゃくちゃ親切。

都甲 だから、読書にそんなに慣れてない人でも、どんどん読んでいけるようになっている。「面白くて何が悪い」「親切で何が悪い」という作りですね。物語のリアリティにツッコミを入れる人がいるかもしれないけれど、そういう部分は著者が綿密に調査して細部を詰めているから、そこまで変だとは感じない。

石井 読者を楽しませるための作りが徹底していますよね。

都甲 あとは『流』のときにも出てきた「日本」についてです。『虹の谷の五月』を読んでいて、中南米文学を読んでるような気分になったんです。バルガス＝リョサとかガルシア＝マルケスとか色々いるけど、共通しているのは「向こう側」に常にアメリカ合衆国が見えるってことですね。たとえばマルケスの『族長の秋』（集英社文庫）でも、結局はアメリカが支持していなければ、作中の独裁政権が長期間続かないわけです。つまり、ものすごく辺境で情報も少ないところに住んでいる人のほうが、アメリカの真の姿を知っているし、世界が今どういう状態なのかもよく見える、という状況なんです。

船戸与一もそうで、日本にいると見えない日本の姿を、フィリピンの辺境を舞台にして描いている。しかも舞台のセブ島って多言語地域なんですよね。英語、タガログ語、ビサヤ語、日本語という多言語が飛び交う。つまり、辺境が一番国際的な世界なわけです。しかも資本主義の本質が見える場所として描かれているんですよ。日本人がそんなフィリピンを舞台に、ほぼフィリピン人しか出てこない小説を書いたというのも、『流』と似ていますよね。

宮下 クイーンは象徴的ですよね。日本の金を使って、セブ島でものをばらまいたりしている。

石井 日本はお金持ちとして描かれているので、バブルは崩壊していたけど、この頃はまだ今よりも景気がよかったんだなあと思いました（笑）。一九九八年から二〇〇〇年まで、という時代設定ですからね。

都甲 登場人物たちは、日本を憎みながら欲望するじゃない。フィリピンの人々に対する日本の圧倒的な権力を感じる。お金がある国とない国が非常に近くにあってどういうことなんだろうというのを考えさせられます。中南米文学におけるアメリカ合衆国の描かれ方と『虹の谷の五月』における日本の描かれ方は、すごく近い。フィリピンってスペインの植民地だったこともあって「アジアの中南米」と呼ばれることもあるし。左翼ゲリラがいるところも似ている。

宮下　イスラムもありますしね。船戸与一は二〇一五年に亡くなるんですが、絶筆になった『満州国演義』（新潮社、全九巻）は、四兄弟がそれぞれ満州国の官僚やスパイ、軍人になっていく話なので、より日本に寄ってきてます。

石井　どれも分厚いですよね。読んでみると、改行が多いし読みやすいのでどんどんページが進むんですけど、見た目がどれもいかつい。

都甲　作者がすごいスピードで書いているのが分かる文体だよね。

宮下　劇画的ですよね。文章にはそこまで興味がなくて、目の前で起きているシチュエーションをカメラ／筆で追っているみたいな印象です。

都甲　文章表現にはほとんど興味がなくて、使えるんだったら紋切り型の表現もどんどん使う。とにかく先に先に行こうという感じで、これも純文学でやったら怒られる手法です。でも、紋切り型のスピード感が気持ちいいんですよ。わからないところが一つもないし（笑）。

宮下　読み返したり、メモしたりしなくて読めるんです。

都甲　それでも、登場人物たちがものすごく生き生きしている。これは魅力ですね。ホセのキャラクターは特にわかりやすい。異常に強いんですよ。警察、軍、殺し屋、ドーベルマンなど、いろんな相手と一人で戦ってほぼ連戦連勝、ランボーよりもすごいことになってます（笑）。で、「戦わなければならない運命だからだ」って言ってる。

石井　男のロマンみたいなヒーロー像ですよね。

宮下　船戸与一の特徴は、これまでずっとあったハードボイルドのフォーマットをそのままに、その舞台を日本からすごく遠い辺境の地に設定したことでしょう。南米、東欧、イスラム文化圏、フィリピン、ベトナム、カンボジアなど、様々な地域のさらに深部がそれぞれ舞台になっています。作品にたゆたうこうした辺境性のようなものが人気の秘訣になっていて、ノンフィクションでもやれそうなことを、フィクションでやることによって、多くの読者を得たのかなと思います。

尼崎で「本当の言葉」を探す

都甲　続いて車谷長吉の『赤目四十八瀧心中未遂』（文春文庫）です。これをなぜ持ってきたかというと、以前芳川泰久さんとノーベル文学賞について対談したときに、村上春樹の話になったんです。そのときに、ある程度抽象化され、英語の影響を強く受けた国際的な様式の日本語文学が世界に広まっていくのは当たり前だけど、その裏側には日本語の特殊性というか、これ翻訳できるの、みたいなことを追求している人たちがいる、と芳川さんが言っていたんです。そのときに名前が出たのが町田康と、車谷長吉だったんですよ。

村上だけでなく、『赤目四十八瀧心中未遂』のような小説が世界で読まれるようになると日本語文学の未来は明るいんじゃないかというお話だったので、芳川さんがそこまで言うなら読んでみよう、ということで挙げてみました。

石井 ものすごく高評価だ。

都甲 そうしたら、本当に面白かった。これは、もともといい大学を出て広告代理店に入っておしゃれな暮らしをしていた男が主人公なんですけど、言葉に実がない生活にどうしても馴染めなくて、会社を辞めるんです。サラリーマンが目指している中流の生活は偽の西洋人の生活だ、そんなところに本物はないと言って、本物の言葉、腹の底から絞り出す、血にまみれた言葉を探して日本中を流浪して、尼崎の最貧困地区に入り込むんです。それで串焼き屋のおばさんに雇われ、ひたすら病死した豚などの肉を串に刺し続ける生活を始める。そこで、元売春婦や在日韓国人、元犯罪者みたいな人たちが寄り集まって、ギスギスと暮らしながら、互いの思いが交錯していくんですよ。

この作品の何がどう面白いのかは説明しづらいんだけど、まず文章がハイブリッドな感じがする。どうハイブリッドかというと、一九九八年に直木賞を獲った作品なのに、まるで明治文学みたいな文章なの。漢字も難しいし、表現も変に古くさい。

宮下 「しかし」がずっと「併し」って漢字なんですよね。

石井 「〇〇と思った」が「〇〇、と思うた」とか。

都甲　そうそう。車谷長吉は姫路出身なんですけど、関西の口語と明治文学と現代の言葉が混ざっているために、小説全体が異様な空気感になっているんです。

しかも、主人公は日本橋の広告代理店に勤めていたとか、京都にいたという話も出てくるんだけど、作品中ではほぼ尼崎のものすごく狭い、暖房もないボロボロの部屋にいるだけで、そこで何をやっているかというと、死んだ豚の肉を捌いて串に刺してるだけなの。何というミニマリズムでしょう（笑）。で、場所もやってることも限定されているのに、読んでいると空間の広がりをすごく感じる。その部屋を中心に、向かいの部屋に住んでいる刺青師のおじさんや、その愛人で在日韓国人のアヤちゃんが絡んでくる。そしてアヤちゃんのお兄さんが組の金使い込んじゃったとかいう話とか、在日の苦境の話が混ざってくるわけです。さらに主人公の雇い主であるセイ子ねえさんは元々米軍相手の売春婦だったという話から、日米の関係も混ざってくる。本当に豪華なんですよ。あと、串焼き屋のセイ子ねえさんもきっと六十歳くらいなんだけど、急に主人公に性的に近寄ってきたりとか、たまらなく生々しいシーンも随所に出てくる。

これ、普通に考えたら芥川賞じゃないかって思うんですけど、なんで直木賞だったんでしょうね。

石井　『赤目四十八瀧心中未遂』が受賞したとき、芥川賞は花村萬月の『ゲルマニウムの夜』（文春文庫）だったんですよ。それこそ逆だろうと言われて当時話題になりました。

都甲 ただ、この作品はこれまで見てきた直木賞作品と、アジアをきちんと見ているという点では同じですよね。台湾、フィリピンときて、今度は日本の在日韓国人と貧困層です。ヨーロッパを目指すおしゃれな文学とは全然違うでしょ。それを描き出す一番いい方法として車谷長吉が考えたのが、明治文学のサンプリングだったんじゃないでしょうか。

石井 体言止めの使い方がおかしいんですよね。変なリズムがある。「何か「もう一つ。」張り合いを見出すことが出来なかった」とか。謎の鉤括弧がたくさん出てくるんです。「生の内容物。」とか。

都甲 「私に確固とした「私。」があったわけではない」とか。「そういう「物の怪。」に取り憑かれた生活が」もすごい。「尼崎は「温度のない町。」」とか、もう何これ（笑）。

宮下 そこだけ抜き出すと、ロックの歌詞みたいですよね。

都甲 作者は何でも知ってそうな人なのに、文章をわざと変にしているんです。

石井 『文士の魂・文士の生魑魅』（新潮文庫）とか、すごく面白い読書エッセイも書いていて、めちゃくちゃ本を読んでいる人ですよね。それなのに、一歩間違えるとすごくダサくなりそうなチョイスをあえてしている。

都甲 作品が一貫した美意識で貫かれていて、慣れないうちは気持ち悪いんだけど、段々気持ちよくなってくる。変な文章なんだけど美しい。

宮下 読んでいて、僕は倉橋由美子を思い出しました。内容やテーマは違うけれど、作品の言葉づかいが、内容もさることながら文章表現に寄りそうことで自ずとセレクトされている感じが近い。読者がそこに乗っかれば、次はどんな言葉を出してくるんだろう、ってずんずん引きずられていく書き方なんです。

石井　文章の密度がすごいですよね。この作品は直木賞で、同じように近代文学をサンプリングしたような西村賢太の『苦役列車』（新潮文庫）は芥川賞を穫っている。どちらかというと西村賢太の私小説のほうがエンターテインメント性は高い気がするんですけど。

都甲　時代が変わってきたってことなんじゃない。二一世紀になってあんまりヨーロッパを見上げなくなってくると、車谷長吉系が文学の冒険として認知されるというか。

宮下　車谷長吉が直木賞を獲ったときは、最後まで梁石日の『血と骨』（幻冬舎文庫、全二巻）と争ったんだそうです。似てはいないですけど、厚塗り感は近いですよね。

石井　そしてまたアジアだ。

都甲　『赤目四十八瀧心中未遂』は、とにかく読んでいて息苦しいんだよね。主人公がちょっと判断を間違えたら殺されるかもしれないというところがかなりある。『虹の谷の五月』も、発言を間違えたら消されるという息苦しさがあったけれど、あれはフィリピンでしょ。『赤目四十八瀧心中未遂』の舞台は尼崎で日本なのに、ハードボイルド感が半端ない（笑）。

宮下　それを支えているのが、時々出てくる漢語表現とか、「ししむら」みたいな古くて重い和語だと思います。そういう言葉をつなげて、世界観を構成している。

石井 尼崎の人がこれを読んだら怒らないんでしょうかね。

都甲 これを読んだ後、尼崎出身の人に「尼崎ってどういうところですか」って聞いたら、「高校時代の友達は、半分は建設業、半分はヤクザになりました」って、まさに『赤目四十八瀧心中未遂』っぽい返答が返ってきました。

石井 お笑いのダウンタウンが尼崎出身ですよね。あの人たちのコントって、変なおじさんがすごくたくさん出てきますけど、あれはきっと実際に尼崎にいる人がモデルなんだろうなあって思います。

都甲 それも聞いたんですよ。「ダウンタウンの感じってどうなんですか」って。そうしたら、あの二人は尼崎の町の空気感を出してるそうなんです。彼らのコントは町の文化を全国にお伝えするためのものなんですって。尼崎で育ってない人には不条理に見えるかもしれないけれど、本人たちにとってはよくあることを演じてるんでしょうね。それが、見た目がトカゲなのに真面目に説教する「トカゲのおっさん」になる（笑）。

石井 ああいう人たち、本当にいるんでしょうね（笑）。

都甲 そういう話を聞くと、『赤目四十八瀧心中未遂』ってリアリティがあるんだなって思いました。

宮下 あとは主人公のキャラクターがいいですよね。

都甲 バブル期から不況になっても、きれいごとの言葉が日本を占拠し続けていたじゃないですか。そういう時代に、主人公は言葉にならない言葉や、自分でもどうにもわからないものから発せられる言葉を探して彷徨う。すごく意思が強いです。でも同時に、やっぱり主人公はインテリなんだよね。尼崎にずっといる人たちには、あなたはここにいる人じゃない、って言われちゃう。ちょっと言い方を変えると、ここで行われているのは、一種の文化人類学だよね。主人公は尼崎の人たちを参与観察してるんですよ。

石井 最初に読んだときは、その点で主人公にちょっとイラッとしたんです。インテリがわざと貧困地区に墜ちていくんですもん。セイ子さんとかアヤちゃんは、そこでしか生きられない人じゃないですか。でも、主人公みたいな語る言葉を持っている人が入り込まないと、その世界を描けないんですよね。そういう点も考えさせられる。

都甲 生々しい言葉がいっぱいあるんだよね。中でもアヤちゃんの手紙は、ほとんどがひらがななんです。

宮下 「あした、大阪かんじょうせん、天のうじえきのホームへ来てください。ひるの12じか、むりだったら、夕がたの7じに。あや子」って、五箇所しか漢字がない。

都甲 これくらいしか漢字が書けない人ってことなんでしょうね。これは教育が行き届いてないからなのか、移民の家で育って親も日本語ができなくて、っていう設定だからなのかなって考えました。きっと両方なんだと思います。

あと、隣の部屋に売春婦が男を連れ込んだときに、彼女がうめく謎の言葉です。「おつたいがなァ、うろたんりりもォ……」って。何言っているのかわからないんだけど生々しい。

宮下　あれ、沖縄の言葉なのかなって想像して読んでました。

都甲　確かに在日韓国人のコミュニティと沖縄のコミュニティって、近くにあることが多いですからね。尼崎も川崎も。そういう世界なのかもしれない。どっちも工業地帯だから。

そういう苦しんでいる人を搾取している部分もこの作品にはあるかもしれないけど、文学って根本的にそういうものだよね。罪深いというか。東山彰良も船戸与一も、書いているものに対して距離感はありますよね。けれども三作品とも、徹底して観察して寄り添おうとする姿勢を通して、その先にある真実に辿りつこうともがいていると思います。

宮下　確かに見方によっては、主人公がそれぞれ自分勝手なところがありますね。

引き裂かれた日本、引き裂かれた文学賞

都甲　ここまで話しながら、直木賞ってどんな賞なんだろうと考えてたんです。日本って歴史的には常に二つの方向を向いてきていると思うんですよ。そのうちの一つは、アメリカ合衆国を含めたヨーロッパです。それは明治時代以降、ずっと高級な文化として捉えら

れてきた。もう一つは、近隣諸国のアジアと、その延長線上にある中南米や第三世界です。
これを踏まえて今回の課題図書を読むと、芥川賞って結局、フランス文学やイギリス文学みたいなものを日本語で書こうとしている人を褒めてあげる賞なんじゃないかと思えてきたんです。一方直木賞は、本音の部分というか、たとえば車谷長吉で言えば仏教的死生観だったり、東山彰良なら台湾だし、船戸与一の『虹の谷の五月』はフィリピンです。アジアや、アジア的な感覚、つまり日本日本から見た日本だけではなくて、アジアから見た日本という視点がある気がします。つまりってアジアにあるのに、自分たちはヨーロッパから見た日本だと妄想している。つまりアジアとヨーロッパの間で精神が引き裂かれていると思うんですけど、その分裂が、この二つの賞には出ている気がします。
単純に純文学とエンタメ、という分け方ではなくて、日本人が二つの方向に分裂しているから二つの賞があるんだと考えると面白いんじゃないでしょうか。

宮下　「この小説読んだんだよ」って偉そうに人に言わないような小説が、けっこう受賞してるんですよね。人に自慢はできないけど面白い作品というか。正直な作品が多い。

都甲　確かに、大沢在昌『無限人形　新宿鮫4』（光文社文庫）とか読んでましたけど、人には言わなかったです（笑）。

石井　読んでる都甲さんが想像できない（笑）。

都甲　だから、直木賞の特徴は、アカデミックな世界では読んでもあまり自慢できないことかもしれません。たとえば受賞者リストを見ていると、色川武大とか田中小実昌など、僕が大好きな作家が意外といるんですよね。でもたくさん読んでいても、彼らについて論文書こうとは思わなかった人たちです。

宮下　論文にしたら書きづらそうな作家たちでもありますよね。

都甲　こういう、インテリの世界で評価されづらい人たちに賞を与え続けているというのは素晴らしいし、逆にそのことによってインテリっぽい外国文学好きがいかに西欧ばかり見ているかがよくわかりますよね。

日本で外国文学好きって言ったら、大体みんなアメリカ・イギリス・フランス・ドイツ・ロシア文学くらいで、それ以外の国の作品は読まない人が多いんです。最近『本の雑誌』(本の雑誌社) で「新刊めったくたガイド」っていう新刊紹介の連載を持っているんですけど、韓国文学や中国文学を取り上げても、読者は全然盛り上がってくれない(笑)。そういうのって、未だにアカデミズムの世界では西洋の文学が一番偉いっていう価値観があるのかなと思ってたんです。

宮下　もはや直木賞を褒めているのかけなしているのかわからないですね (笑)。いえ、褒めているんですよね？

都甲　褒めてます(笑)。宮下さんも「トルコ文学やってるんですよ」って言ったらすぐ、「読んだことないです」って言われちゃうでしょ。読んだら面白いのに。

宮下　結局みんなヨーロッパを基点にして話をしますからね。トルコ文学を紹介するときも「広いアジアでも最初期に西洋的な小説を取り入れた国なんです」とか、いつもヨーロッパを念頭に置いて話さないと興味を持ってくれない。オルハン・パムクが一番日本で読まれているトルコ人作家だというのも、やっぱりノーベル文学賞を獲ったからだし。他にもいい作家はたくさんいるのに。他の国でもそういう人はたくさんいると思います。

石井　そういう意味では、二〇一五年は台湾文学の年だった気がします。『流』と同時期に呉明益『歩道橋の魔術師』（白水社）が出てきて話題になりました。又吉直樹がすすめてヒットした中国系アメリカ人作家ケン・リュウの『紙の動物園』（早川書房）にも台湾を舞台にした話が入っています。

都甲　芥川賞って、そんなに情報量が多くない作品もあるでしょう。だけど、東山彰良も船戸与一も、ものすごく情報量が多くて教育的です。読者に世界を教えてあげようという啓蒙活動みたい（笑）。あと、すごく親切な作りになっているのが、やっぱり大きな特徴ですよね。

〔三人が選ぶ、今後受賞してほしい人〕

都甲　戌井昭人

宮下　万城目学、馳星周

石井　深緑野分

まだまだあるぞ世界の文学賞

都甲 幸治

この本で扱われている八つの文学賞の他にも、世界には重要な文学賞がまだまだある。こうした賞を誰が受賞しているのか、あるいは誰が候補になっているのかを知るだけでも、現在の世界文学の動きが手に取るようにわかるだろう。ここでは主要なものを五つほど紹介しよう。

もっとも重要なのは**ブッカー国際賞**である。この賞は、英語圏で書かれた優秀な作品に与えられるブッカー賞を補完するために、二〇〇五年に作られ、二〇一五年まで隔年で合計六人に与えられた。基準は世界文学に大きな功績のある作家で、なおかつ作品が英語で読める、というものであり、これには翻訳も含まれる。賞が与えられるのは作家本人で、個別の作品ではない。

というとノーベル文学賞に真っ向勝負を挑んでいる感じだが、まさにそのとおりだ。いや、人権の重視といった古典的な価値観を重視するノーベル文学賞と違って、純粋に実力のみを考慮する分だけ、ブッカー国際賞の方が現在、本当に活躍している書き手を選べていると思う。具体的には、本書でも取り上げたイスマイル・カダレ（アルバニア、二〇〇五年受賞）、アリス・マンロー（カナダ、二〇〇九年受賞）、フィリップ・ロス（アメリカ合衆国、二〇一一年受賞）などであり、それに加えてアフリカ近代文学の父であるチヌア・アチェベ（ナイジェリア、二〇〇七年受賞）、思わずクスリと笑ってしまう超短編で知られるリディア・デイヴィス（アメリカ合衆国、二〇一三年受賞）など、多岐に渡っている。あまりに選考が的確なせいだろうか。たった十年でノーベル文学賞と並ぶ権威を持つところまで成長したのがすごい。

二〇一六年からは趣向が変わって、英語で翻訳が出た作品に毎年与えられるようになった。賞金は作家と翻訳者で分配されるというのも素晴らしい。栄えある最初の受賞作品はハン・ガン（韓江）の『菜食主義者』（クオン）である。一九七〇年に韓国の光州で生まれたハン・ガンは、今や韓国現代文学を代表する作家だ。そして彼女の『菜食主義者』は極めて独創的な作品である。

主人公のヨンへはごく普通の主婦だった。しかし突然毎晩、人を殺し殺される血塗れの夢を見るようになり、不眠に悩まされ、ついに肉を一切口にできなくなる。このイメージは何なのか。ベトナム戦争帰りの父親がかつて行った殺戮が、彼女の無意識に入り込んでしまったのだろうか。父親に手ひどく殴られて育ち、心の奥底に深い闇を抱えた彼女は、やがて肉だけでなく、全てのものを食べることを拒否するようになる。そして精神病院のベッドに縛られたまま、人間をやめ、植物になることだけを望むのだ。韓国社会で女性たちがどれほど深く傷ついてきたかを、見事な文章でえぐりだした傑作である。

以前のブッカー国際賞に近い位置にあるのが、一九七〇年創設の**ノイシュタット国際文学賞**だ。これはアメリカ合衆国の賞で、世界文学に大きな貢献をした作家に隔年で贈られる。詩人も小説家も劇作家も対象となるが、英語訳があることが条件だ。ガブリエル・ガルシア＝マルケス（コロンビア、一九七二年受賞）、オクタビオ・パス（メキシコ、一九八二年受賞）、トーマス・トランストロンメル（スウェーデン、一九九〇年受賞）など、受賞後ノーベル文学賞を獲得した作家も多い。しかしながら、ブッカー国際賞に比べるといささか印象は地味だ。

国際ダブリン文学賞は一九九六年に創設された賞で、賞金も十万ユーロと巨額なことで知られている。主催はダブリン市図書館で、世界中の公立図書館から推薦された作品のなかから選ぶ、というのがユニークだ。条件は英語で読める、というもので、他言語からの翻訳も含む。もし受賞作が翻訳の場合、作家と翻訳家で賞金が分けられる。受賞作はいずれも生きのいいものばかりだ。本書で扱った作家の作品も、ミシェル・ウエルベック『素粒子』（フランス、二〇〇二年受賞、ちくま文庫）、オルハン・パムク『私の名は赤』（トルコ、二〇〇三年受賞、ハヤカワepi文庫、全二巻）、エドワード・P・ジョーンズ『地図になかった世界』（アメリカ合衆国、二〇〇五年受賞、白水社）が受賞している。その他、ペール・ペッテルソン『馬を盗む』（ノルウェー、二〇〇七年受賞、白水社）、コラム・マッキャン『世界を回せ』（アイルランド、二〇一一年受賞、河出書房新社、全二巻）など大いに話題になった。そして今回紹介するのは、フアン・ガブリエル・バスケスの『物が落ちる音』（コロンビア、二〇一四年受賞、松籟社）である。

主人公はコロンビアの首都であるボゴタの街の道端で、いきなりバイクに乗ってやって来た男たちに銃撃される。どうにか命は助かったものの、実は犯人たちが本当に狙っていたのは、酒場で知り合ったリカルドの方だった。主人公はリカルドの過去に取り憑かれて街をさまよい、小型機のパイロットだった彼が、麻薬戦争の時代に薬物の密輸に手を出していたと知る。やがて田舎で暮らすリカルドの娘に出会い、子ども時代、麻薬王エスコバルが邸内に作った動物園をこっそり訪れたという共通の過去を彼女と分かち合う。アメリカ合衆国という大国の思惑に振り回された人々が、巨大な規模で共通のトラウマを抱え、苦しみ続けていることが詩的な文章から伝わってくる。

全米批評家協会賞は一九七六年の創設で、小説・ノンフィクション・伝記や自伝・詩・批評の五部門を対象としている。全米というくらいだからアメリカ合衆国の作家が書いた本が受賞することが多いものの、アメリカで出版された翻訳も対象だ。というわけで、ロベルト・ボラーニョ『２６６６』（チリ、二〇〇八年小説部門受賞、白水社）、スヴェトラーナ・アレクシエーヴィチ『チェルノブイリの祈り』（ベラルーシ、二〇〇五年ノンフィクション部門受賞、岩波現代文庫）、ホルヘ・ルイス・ボルヘス『ノンフィクション選集』（アルゼンチン、一九九九年批評部門受賞）など、世界の名だたる書き手たちが受賞している。もちろんジュノ・ディアス『オスカー・ワオの短く凄まじい人生』（二〇〇七年小説部門受賞、新潮社）、フィリップ・ロス『父の遺産』（一九九一年伝記部門受賞、集英社文庫）など、アメリカを代表する作家も獲っている。

最後に取り上げるのが**ベイリーズ賞**だ。これは二〇一二年までオレンジ賞として知られていた賞で、一九九六年の創設から一貫して女性作家たちに与えられてきた。一九九一年にブッカー賞のショートリスト（候補作品のリスト）に女性作家が誰もいなかったことへの批判がこの賞の起源である。対象は女性作家が英語で執筆し英国で出版された長編小説で、作家の国籍は問わない。二〇一四年にベイリーズ・アイリッシュ・クリームがスポンサーとなったことでベイリーズ賞に改名された。ゼイディー・スミス『美について』（イギリス、二〇〇六年受賞、河出書房新社）、テア・オブレヒト『タイガーズ・ワイフ』（セルビア、二〇一一年受賞、新潮社）などが代表的な受賞作である。

そのなかでも、ベイリーズ賞十年の受賞作を代表するものとして二〇一五年に選ばれたのが、チママンダ・ンゴズィ・アディーチェ『半分のぼった黄色い太陽』（ナイジェリア、二〇〇七年受賞、河出書房新社）だ。舞台は一九六〇年代末のナイジェリア南部、ビアフラ地方だ。北部のイスラム教徒たちに搾取されるのに嫌気が差したキリスト教徒のイボ族は、一九六七年に独立を宣言する。これが三年間続いたビアフラ戦争の始まりだった。大金持ちの女性と知的なエリート男性という主人公の二人は、この戦争に運命を翻弄される。英語でイギリスの古典を読んで育った彼らは、このとき初めて国の現実に直面するのだ。『明日は遠すぎて』（河出書房新社）などの繊細な恋愛小説で知られるアディーチェが、自分では直接体験していない過去と正面から向き合った力作である。

Chapter Four

当たり作品の宝庫
「ブッカー賞」

Speakers in This Chapter

話し手＝
都甲幸治
武田将明
江南亜美子

Data

正式名称：マン・ブッカー賞
主催：ブッカー賞財団（イギリス）
開始年：1968 年（1 年に 1 度）
賞金：50,000 ポンド

英語であれば、なんでもOK

都甲　ブッカー賞って、個人的に一番信用している文学賞なんです。

江南　私もそうです。毎年、楽しみに発表を待っています。

都甲　一番大きな理由は、水準がものすごく高く保たれていること。受賞作は、読んだら絶対に面白いんです。今まで自分が気づいていなかった文学の魅力を見せてくれる作品ばかりですよね。選考委員も人間なので、普通は選考のときに作品の質だけじゃなくて、人間関係や義理を気にしそうじゃないですか。でも、ブッカー賞は確実にその年の一番いい作品を選ぶんです。そういうことができる文学賞って、おそらく世界で唯一なんじゃないでしょうか。

調べてみると、もともとはフランスのゴンクール賞に対抗してイギリスで作られた賞なんですよね。長いことイギリスやいわゆるコモンウェルス、さらにそれ以外の旧イギリス植民地の作家に与えられる賞だったんですけど、二〇一四年にレギュレーションが変わって、英語で書かれていたら何でもノミネートされるようになりました。こういう門戸の開かれ方もいいですよね。しかも、ロシア・ブッカー賞とかブッカー国際賞とか、関連する文学賞があるんですが、そちらでも正確に優秀な作家・作品を選出しています。

武田 イギリスの文学賞というイメージが強いかもしれないですけど、実際の受賞者を見てみると、アイルランドやインド、カナダ、オーストラリアのような、かつて大英帝国に含まれていた地域出身の作家の受賞が目立ちますよね。最近だと二〇〇九年から二〇一二年はイギリスの作家が獲っていますが、そのあとはニュージーランド、オーストラリア、そしてジャマイカの作家が受賞しています。

江南 他の多くの賞との違いは、一人の作家が複数回、受賞できることですよね。つまり一度獲っても、またいいものを書けば候補になる。文学賞としてフェアです。

武田 二回受賞しているのは今回紹介するヒラリー・マンテル以外だと、ピーター・ケアリー、J・M・クッツェー、ジェイムズ・G・ファレルだけですね。しかもファレルの二回のうち一回は、制度変更の都合で選考のなされなかった一九七〇年の受賞作として、後から与えられたものです。基本的には、その年に出た英語圏の文学作品で、ジャンル問わず最高のものを選ぶという方針ですね。

選考過程は、まず冊数制限があるなかで出版社が推薦した作品とか、選考委員の推薦本など百冊以上の候補作を、選考委員が全部読むんです。普通の文学賞って、選考委員は最終候補作しか読まないでしょう。でも、ブッカー賞の選考委員は一年で百冊以上読まなきゃいけない。

江南　一定の高いクオリティを保つために、過去十年の候補者の新刊は、自動的にリストに入るんだそう。

都甲　すごいですよね。選考委員はどんな職業の人なんでしょう。

武田　かなり色々な人がいます。大学教授から文芸評論家、作家、さらには引退した政治家、文学好きな芸能人までいますね。しかも、毎年選考委員が変わるんです。

江南　選考委員が固定的でないって、素晴らしいシステムです。癒着が起きない。

武田　だから、選考委員のくせや好みに合わせて、受賞しそうな作品を書くなんてことはまずできないし、実際の受賞作の傾向も偏っていなくて、ヴァラエティに富んでいるわけです。

江南　それでも、高い水準と揺るがない信念を保っている。文学賞としてプレゼンスを持ち続けるには、なんといっても当たり作品の多さですから。

武田　他の特徴としては、まず一次選考に残った作品を「ロングリスト」として公開し、その後最終選考に残る作品を「ショートリスト」として発表するんです。これはうまいシステムですよね。受賞作が決まるのは毎年十月なんですけど、その三ヶ月前からロングリストを見て予想を立てたり販売促進をしたりして、一ヶ月前のショートリストでも同じ事ができる。つまり、何ヶ月もの間イベントとして機能しているんです。

江南　しかも受賞作のみならず、候補になった作品も売れる。純文学作家にはありがたいでしょう。候補になるにもライバルは桁違いに多いけども。

武田　ブッカー賞の候補になった、受賞したというだけで売れるというのは素晴らしいことです。たとえばこれから話すジョン・バンヴィルも、決してベストセラー作家ではないけれど、ブッカー賞受賞作は二五万部も売れたそうです。

都甲　バンヴィルで二五万部は驚異的ですよね。本当に、読んでよかった受賞作がたくさんあります。クッツェーの『マイケル・K』（岩波文庫）や、カズオ・イシグロの『日の名残り』（ハヤカワepi文庫）、ジュリアン・バーンズの『終わりの感覚』（新潮社）、DBCピエールの『ヴァーノン・ゴッド・リトル』（ヴィレッジブックス）など、挙げていくとキリがないです。

武田　商業的にも文学的にも機能しています。新人も大御所も、中編も大長編も獲れる文学賞ですね。

記憶が揺らいでやってくる

都甲　一冊目はジョン・バンヴィル『海に帰る日』（新潮社）です。この本の主人公は、奥さんをガンで亡くしたばかりなんですね。そんな男が、子ども時代よく訪れていたアイルランドの海辺の町を訪れます。そして当時を振り返って、人生を追体験するという話です。妻を亡くしていくプロセスと、子ども時代の初恋とその衝撃的な喪失が、平行して語られていきます。ショッキングな内容なんだけど、文章はとても静かですね。

江南 受賞した二〇〇五年は大激戦でした。他の候補作には、イシグロの『わたしを離さないで』（ハヤカワepi文庫）やゼイディー・スミスの『美について』（河出書房新社）があり、さらにはバーンズもいました。そのなかで『海に帰る日』に与えるというのはなかなかの目利きですよ。その地味さにおいて。

都甲 書き方もうまいです。ナボコフやヘンリー・ジェイムズに影響を受けたと本人は語っていますが、二人ともまた違いますよね。

武田 文章がとにかく美しいんです。文章に対してものすごくこだわりがあるそうで、毎日九時から一八時までオフィスで執筆に専念するという生活をしているんですが、一日の間に英語で二百語書けたらその日は成功だそうです。

江南 それは……極端に筆が遅いですね。でも、そのテンションで書かれた文章というのは、よくわかります。

都甲 バンヴィルはベンジャミン・ブラックという別名でミステリーも書いていますが、ミステリーだけはパソコンを使って書くそうです。そのときは筆が速いらしい。バンヴィル名義は手書きで、極端に遅くなる。

武田　二百語って、それこそA4で一枚にもなりませんよ。
都甲　谷崎潤一郎みたい。彼は一日八百字でした。
武田　バンヴィルは書こうと思えばもっと書けるんでしょうけど、小説の鬼みたいなところがあります。それがこの人の個性。美的な意識が強くて、自分の作品に対するプライドも高いんでしょう。ブッカー賞を獲ったときも、「芸術作品がブッカー賞を獲ったことはいいことだ」って発言してましたし（笑）。
都甲　感じが悪くて素晴らしいね（笑）。
武田　ブッカー賞は読みやすい作品ばかり獲っている、という批判的なスタンスなんですよね、バンヴィルは。
江南　エンターテインメント性を備えた読みやすい作品も、バンヴィルの作品のようなものも獲れるところが、ブッカー賞のよさではあります。
武田　そんなバンヴィルは、いわゆるベストセラー作家ではないけれど、珠玉の作品を多く生み出しています。
都甲　気になったのは、少年が大人の女性の身体に抱く描写がものすごく細かいところですね。胸の大きな奥さんに対して「こんなに大きい乳白色のボールをふたつもつけていて、重みで痛んだりすることはないのだろうか、と私は思った」とか、彼女の水着の股間を見つめて「その瞬間、世界の動きがひどく緩慢になった」とか、きれいな文章で変な事がいっぱい描いてあります。この作品では、細部の描写が不思議な面白みを持っているんですよ。たとえば近所の人についての説明で、「ジャーマン・シェパードと性交しているという噂のフランス人女性」が突然出てくるんですが、そのあと説明が一切ない（笑）。小ネタの密度がものすごく高いです。

武田　この人の描く官能性っていうのは、大人の女性を描いているときのほうが引き立つ気がしますね。

江南　『いにしえの光』（新潮社）も、明らかにそうです。この小説は、一五歳の少年が同級生のお母さんに恋をし、経験を与えられ、翻弄される話で、そのことを長じて老俳優となった少年が回想します。そのなかで少年にとっての全くの他者である「大人の女」が、どう立ち現れて振る舞ってみせるかを描く文章は、いっそうきらめいている。

武田　文章はすごく美しいんだけど、それで完璧な美を表現すると言うよりは、人や物のちょっと崩れかかっているところに目が行くのも、バンヴィルの特徴でしょう。年上の女性のエロティシズムを細かく描写する『いにしえの光』など、まさにその例ですね。

都甲　『海に帰る日』では、クロエという少女に対しても、必ずしも清潔ではなかったとか、肘や膝のくぼみが臭かったとか言うんですよね。彼女は人格的にも問題があるけれど、それも含めて主人公は愛そうとするんです。年上の女性への官能性と同時に、こういうツンデレ少女への愛も感じましたね。

武田 でも、反応するのはきれいな部分ではなく、臭いということなんですよね。

都甲 日本で美少女を描写するときに「でも彼女は足が臭かった」なんて書かないですよね、谷崎以外は（笑）。

武田 エロスの感覚は谷崎と近いですよね。惹かれるのはみんな征服してくる女性ですし。

江南 『海に帰る日』は、『いにしえの光』もそうであるように、記憶と回想の物語です。ある謎めいた過去がある。現在の自分は、そのことを濃淡をつけながら思い出していて、今起きていることにも対応していく。こうまとめるとオーソドックスな構造です。しかしバンヴィルはそうしたテーマを、人が今まで見たことがないような形で成立させてしまいます。記憶と死の扱いがうまいんです。回想という、時間的な長い隔たりを現前化していく叙述って、様々なやり方があるとは思いますが、バンヴィルは、記憶のなかの出来事を固着した情報として塊のまま描くのではなく、ある揺らぎとともに描き出すんです。思い出していく過程で、記憶がどんどん変わっていく、その生っぽさを捉えるのがうまい。固着されていない記憶が、今ここに顕現する、ということを描くには、相当のスキルが必要です。

都甲 ものとして記憶が訪れるんじゃなくて、現在との関係で記憶が揺らぎながらやってくるのか。

江南 物理的なものだと、何年経っても形は変わらないじゃないですか。たとえば机の引き出しから出てきた、二十年前のキーホルダーは同じ形です。でも、記憶はそうではない。思い出すたび、輪郭も細部も変わる。それを繊細に描いていると思います。

都甲 だから、ちゃんと現在と過去が交錯するような作りになっているんですね。

江南 しかも、これは「のちに長じて作家になった主人公が、もらった万年筆で書いた小説（手記）」という設定ですね。作品内部で、「これは書かれたものである」ことが担保されているわけです。私は実はこの構造が好きで、次に話すアトウッドの作品も同様の構造です。これらが全て「書かれたことである」というのは、記憶を書くという行為が必然的に持つ「揺らぎ」まで書き留める意味を、読者に感じさせます。

都甲 ジュリアン・バーンズの『終わりの感覚』も、記憶が戻ってきて初めて主人公が記憶に騙されていたことがわかる小説で、これも揺れですよね。イシグロの『日の名残り』でも『充たされざるもの』（ハヤカワepi文庫）でも、記憶が揺らいでいる。そういうテーマを極端にレベルの高いところで書いている人たちが、現代のイギリスとアイルランドに密集しているって、すごい状況ですよね。同時代に生きていることが楽しくてしょうがない。

武田 『海に帰る日』の主人公って自分の過去をぽつぽつ語るんですけど、どうやら自分ではそんなにお金を稼げていなくて、収入は奥さんに依存していたんですよね。美術に関心があるディレッタントとして生まれたんだけど、お金だけがなかったとか言ってるんです。

都甲　ひどいけど気持ちはわかる（笑）。

武田　そういう自己認識で生きてきたんだろうけど、奥さんが亡くなることによってそこが崩れてしまったと思うんです。自分自身が抱えているむなしさや惨めさを見ざるをえなくなってしまった。そんなときに、彼が心象風景のなかで神々がいた時代だと思っている海辺に戻っていく話なんです。だから「揺らぎ」っていうのは、海辺に戻ってきた主人公が、自分の惨めさに向き合うためのプロセスとしても読めると思います。

江南　そういう葛藤を経て、自己認識を改めたことで、美術評論家としてではなく、万筆でつい小説を書いてしまった男の物語、というのがこの小説かもしれないです。

武田　美術評論といえば、ボナールについての大著を書いているとか言うんだけど、実際には全然できてないんですよね（笑）。

都甲　この人、今まで何して暮らしてたんでしょうね（笑）。

武田　次の文章なんて、そういう主人公の惨めさがにじみ出ていると思います。「けさ、わたしがぎょっとさせられたのは目の状態だった。白目が一面にひび割れて、あの細い、真っ赤な毛細血管でびっしり覆われていて、湿っぽい下まぶたは赤みをおび、眼球からすこし離れて垂れさがっていた。見ると、まつ毛がほとんど残っていない」って、自分自身が他者性を持った肉体として迫ってきているわけです。

都甲　自分の肉体の惨めさを言おうとしているんだろうけど、描写が細かくかつ的確で、これを読んでいるだけでも楽しいですよね。

仕掛けと面白さが両立する小説

江南　私はマーガレット・アトウッドの『昏き目の暗殺者』（早川書房）を選びました。

都甲　アトウッド、僕は世界最高の作家だと思っています。彼女の作品は細部も巧みだしアイディアも豊富で、思想書としても深い。

江南　二十世紀の最後、二〇〇〇年の受賞作です。この年の受賞にふさわしいというか、二十世紀に小説がどのようなヴァリエーションで描かれてきたのかが、この一冊に全て入っているといっても過言でない作品です。SF的な要素、女性の成長物語であること、メタフィクションの手触りなどは、明らかにアトウッド的です。そこにミステリーやサスペンス、メロドラマ、一族のサーガといった、ありとあらゆる小説の要素が入っている。構造的なんだけど、読んでいてとにかく面白い、驚異の本です。

あらすじとしては、二五歳で妹が不可解な事故死を遂げる姉が主人公です。妹は死後出版で有名作家となった。いま、老女となった姉は自らの人生を振り返りつつある。やがて、妹の死の謎が解き明かされていく、というものです。始めはとっつきにくいと感じる、複層的な構造です。死亡記事あり、作中小説の断片あり、と。しかし読み進めていくと、二十世紀を生きたある一族の趨勢《すうせい》が見えてきて、最後は「そうだったんだ!」と感心するしかない衝撃のラストが待っています。真のエンターテインメント小説ですね。

都甲 アトウッドを読むときは、どうしても女性同士の関係を見てしまいますね。母と娘とか、姉妹とか。彼女たちの愛憎入り交じった息苦しい感じを読むと、「ああ、アトウッドだな」って思うんです。

江南 『昏き目の暗殺者』は、姉妹愛がテーマです。しかし「愛」の一言ではとうていすまない。曰く言いがたい、複雑な感情です。

武田 そういうある一家の歴史と重なるように、二十世紀初めから第二次世界大戦の終わりまでのカナダの歴史が語られていますよね。舞台になっているポート・タイコンデローガっていう町は、実際には存在しないんだけど、いかにも実在してそうなリアリティを持って描かれています。SF的な要素を持ちながらも、リアルに書くところはしっかり時代背景を踏まえて描かれている。

江南 代々つづく名家であるチェイス家と、新興のグリフェン家。婚姻による損得の計算も含めて、史実であってもおかしくないと読者に思わせるんです。

武田 そこが面白いですよね。メタフィクションなんだけど、同時に極めてリアルにも書かれている。リンダ・ハッチオンの言う「歴史記述的メタフィクション」における一つの成功作ですよね。翌年のブッカー賞最終候補作になったイアン・マキューアンの『贖罪』(新潮文庫、全二巻）も姉妹を中心に据えて、戦争に翻弄される裕福な一家を描いています。同じような問題意識を持った作品が二年連続候補になったというのも興味深いです。

都甲　カナダ文学って、読んでいるとわくわくします。僕はアメリカ文学が専門だから、時代によってアメリカ国内の人がどういう感覚で生きていたかというのが頭に入っているんですよ。でも、カナダってアメリカと陸続きなのに、国境を越えただけで全く感覚が違うんです。登場人物が軍隊に参加するにしても英国軍だし。カナダはイギリスやフランスの影響を強く受けているので、アメリカとは文化的にちょっと違う感じがする。だからアメリカ文学では出てこないニュアンスがあるんです。

武田　主人公のアイリスの夫リチャードの俗物ぶりなんかもリアルですよね。共産主義批判からナチス・ドイツを一時期支持してたんだけど、ドイツとの戦争が始まると途端に手のひら返ししちゃう。こういう人は、カナダだけでなくイギリスにもたくさんいたんだと思います。彼の行動や社交界の描き方は、アメリカよりもイギリス寄りですね。

江南　家柄や格式についてのディテールもずいぶん書かれていて。

武田　でもリチャードたちっていうのは、海外の本物の貴族・名士が集まる豪華客船に乗っちゃうと、その中では小物なんです（笑）。その辺りにカナダの哀しさが表れていますね。

都甲　そういうのって、クッツェーの自伝的な作品『サマータイム、青年時代、少年時代』

（インスクリプト）にも出てきますよね。南アフリカで最高レベルにイギリス紳士になってからイギリスに渡ったのに、イギリスの女の子たちには全然相手にされないとか。そういう植民地感はありますね。

江南　リチャードの俗物っぷりが、物語上とても機能しています。そういうところも、いじわるな視線を送るアトウッドらしくて面白い。

都甲　それは植民地文学の楽しみ方ですよね。薄っぺらな人たちが、ほんの一段だけ上にいるところから周りを見下すのを読むというのは（笑）。

植民地文学とイギリスって、色々考えさせられますよね。ナイジェリアのチママンダ・ンゴズィ・アディーチェの小説には、かたくなにイギリス英語でしか喋らないお父さんが登場しますし、アンティグア出身のジャメイカ・キンケイドの作品『小さな場所』（平凡社）だと、小学校で延々ワーズワースの詩を読まされて、生徒たちは一生見ることがないであろうイギリスの湖水地帯の風景や植物の名前を覚えさせられる、という場面があります。

江南　ジャメイカ・キンケイドはアメリカで活動してきたこともあってブッカー賞を獲っていませんが、こういうポストコロニアル文学も、今後は英語で書かれてさえいればブッカー賞の候補になり得るって、改めて考えるとすごいことですよね。目配りをどれだけしなきゃいけないか、っていう。いっそう候補作、受賞作の期待度も上がります。こうした制度のなかで、アトウッドはすでに何回もブッカー賞の候補になっています。おそらくその要因の一つが、リーダビリティが異様に高いこと。七百ページ近くある『昏き目の暗殺者』も、するっと読めちゃう。しかも「昏き目《ブラインド》」とはなにか、考えさせられます。

都甲　高度なことをしているのに、読みやすいし面白いって最高ですね。

武田　読み始めは、立ち止まって考えちゃうと悩むかもしれないけれど、それぞれの断片が面白いからどんどん読める。すると次第に形が見えてくるという小説です。読者のことをよく考えて作っていると思います。

都甲　しかも、仕掛けが複雑だから博士論文のテーマに最適です。大学院生はみんなこれを選べば、すぐに論文書けるのに（笑）。

江南　ふふふ、ほんとにそう。小説の構造やナレーションのこと、勉強になります。

武田　エンターテインメント性もあり、批評性もある。多くの小説では、この二つのうち「どっちをとるの？」って発想になりがちだけど、『昏き目の暗殺者』は「どっちもありでいいんじゃない」という考えで書かれてます。

都甲　ノーベル文学賞の章でも話したんですけど、なんでこんなにすごいアトウッドがノーベル文学賞獲れてないんでしょう（笑）。

武田　『昏き目の暗殺者』のような、多声的《ポリフォニック》でごった煮的な作品って、ミハイル・バフチンを引くまでもなく小説の本来の姿かもしれないけれど、ノーベル文学賞はそういうタイプの作家にはやや不利な感じがありますよね。

都甲 仕掛けが多すぎるとダメなのかもしれない。

武田 ノーベル文学賞は、よくも悪くもメッセージ性と芸術性を兼ね備えた「立派」な文学を考えていると思うんですよね。それに対してブッカー賞は、「純文学」という枠にはとらわれず、結果として広く読まれるものを選んでいます。これは、二つの賞が目指す方向性の違いでしょうね。

江南 アトウッドの『またの名をグレイス』(岩波書店、全二巻)という小説は、三面ゴシップ記事みたいなところから話が始まって、心霊憑きやフロイト、二十世紀の科学のやばい感じがぷんぷん漂い、ミステリーとしての面白さで読ませていく。岩波書店から出てるけれど(笑)、めちゃめちゃエンタメです。アトウッドって『侍女の物語』(ハヤカワepi文庫)のイメージが強いかもしれないけれど、もっとなんというか、夾雑さとごった煮感が魅力な気がします。

都甲 みんなもっとアトウッドを読みましょう。

江南 彼女がノーベル文学賞を獲れなくとも私は構わないけれど、未邦訳のものをもっと日本語で読みたいな(笑)。

武田 ごった煮系の翻訳小説って、あまり評判にならないんですよね。サルマン・ラシュディとか。どちらも英語圏では最高峰の作家なのに。

一六世紀のイギリス王室を追体験する

都甲　さっきから「ブッカー賞作品はアートだけじゃない」という話をしていますが、次はまさにそういう作品、ヒラリー・マンテルの『ウルフ・ホール』（早川書房、全二巻）です。日本で言うと直木賞を獲りそうな作品ですよね、これは。

江南　歴史活劇みたい。正直、一六世紀のイギリスの政治形態なんて全く興味がなかったですが、なるほどこうして国家が動いていったのかとするする理解できた。

都甲　主人公の名前がクロムウェルって書いてあって、ああ、ピューリタン革命のクロムウェルかと思ったら、その人じゃなくて、親戚の方でした（笑）。

武田　ピューリタン革命のオリヴァー・クロムウェルから四代遡ると、本作の主人公トマス・クロムウェルの姉になるという関係です。作者のヒラリー・マンテルは、一九五二年生まれのイギリス人で、『ウルフ・ホール』は二〇〇九年の受賞作です。それまでも彼女はたくさんの本を書いています。フランス革命を舞台にした歴史小説とか、地方都市の宗教的な組織の話、現代の社会風俗についての小説など、非常に多彩な作家です。そしてどれも読みやすくエンターテインメント性があり、常にミステリアスなところがあります。

歴史物に関しては、本当によく調べて書いていますね。『ウルフ・ホール』で初のブッカー賞最終候補になり、受賞をして、続編『罪人を召し出せ』（早川書房）で二度目のブッカー賞を受賞しました。続編でブッカー賞を受賞するというのは、かなり例外的なことです。しかも、これは三部作（笑）。未刊の第三部は、まだ『鏡と光』というタイトルしか明かされていないのですが、史上初の三度目の受賞も期待されています。

都甲　この人、歴史物で延々と続編が書けそうです（笑）。とにかくファンが多そうですよね。

江南　企業の社長とか、ふだん文芸書を読まない人でも好んで読みそうな内容。

都甲　イギリスの司馬遼太郎みたいな感じですかね。

武田　もともと知名度のある作家でしたが、『ウルフ・ホール』は爆発的に売れて、演劇になり、さらにテレビドラマにもなりました。舞台はヘンリー八世時代のイギリスです。彼はエリザベス一世の父で、結婚と離婚を繰り返し、二人の妻を処刑したことで悪名高い人物ですね。また、イギリス国教会を立ち上げた人物としても知られているのですが、『ウルフ・ホール』がくわしく描くのは、ヘンリー八世がいかにしてスペイン王家出身の妻キャサリンとの離婚を成立させ、アン・ブーリンという女性と結婚するかです。王の欲望をかなえるため、また王家に正統な男子の後継者を誕生させるために、たくさんの人がおおいに振り回されています。

この時代はイギリスにとってのターニング・ポイントなので、様々な文学作品や映画になっています。有名なのが、一九六六年の映画『わが命つきるとも』。『ユートピア』（岩波文庫）の作者として有名なトマス・モアはこの時代の人で、大法官だったんですが、この映画では清廉潔白なモアが自分の命を犠牲にしてヘンリー八世を諫めようとします。ここでは、『ウルフ・ホール』の主人公のトマス・クロムウェルは、モアを処刑に追いこむ悪役です。もっと最近では『ブーリン家の姉妹』という映画が、『ウルフ・ホール』の前年に公開されています。こちらはアン・ブーリンが主人公。そういう、いわゆるエンタメ映画にもなるような歴史上の事件なんです。

マンテルがすごいのは、英米の人たちはある程度知っている題材を、全く違う見方で提示してくれたところです。つまり、時代の流れに抗うトマス・モアのような人や、アン・ブーリンのような野心と美貌で時代を築いた人を主人公にするのではなく、トマス・クロムウェルという、目立たなくて陰険だと思われていた人をあえて主人公にしたんです。しかもそれがとても面白かった。

マンテルの解釈するクロムウェルはどんな人かというと、鍛冶屋の息子で、若い頃にヨーロッパを放浪して、色々な知識を身につけている。特に重要なのが金融の知識。これから世の中を動かすのは金、商売であると考えているわけですね。

江南　なるほど、イメージが手あかにまみれていない、トマス・クロムウェルという人物を主人公に据えたところに、マンテルの勝算があったんですね。キャラクター像がピカレスクです。だから今っぽく感じます。

武田　教会制度や出身階級によってではなく、貨幣という共通言語によって人間が結びつけられている世界を若き日の放浪で見たわけです。だから、イギリス王室やローマ教皇の策略を、一歩引いたところから見ています。それを読者も感じられるからこそ、全く新しいヘンリー八世時代の説明を読んだ気になるんです。

　クロムウェルはルネッサンスを飛び越えて、近代の国のあり方を見ています。ヘンリー八世は、自分の欲望と、世継ぎの男子がいないという王家の都合から、離婚を認めないカトリック教会と縁を切ろうとするんだけど、クロムウェルはそういう王を利用して、イギリスを中央集権的な近代国家にしようと動いているんです。「人々はすぐれた権力者を望んでいる、自分たちが素直に従うことができるような権力者を求めているんだ。ローマは何世紀ものあいだ子供しか信じないことを信じるよう、求めてきた。だが民衆は、議会と神のもとで力を発揮するイングランドの王に従うほうがより自然であることに、いずれきっと気づく」と彼は言うんですけど、これは当のイングランド王ですら考えていないことなんです。でも、イングランド王の離婚問題を利用して、こういう国の形を作ろうとクロムウェルは画策している。表で派手にやるというより、一歩引いたところで状況を動かしているのも、面白いところですよね。

そういう雰囲気とマッチしているのが、「彼」という人称で語られる文体です。基本的にクロムウェルの視点で描かれるんですけど、あえて一人称にしていない。そこに微妙な距離感が出ていて効果的です。

都甲　当時の宮廷に、現代からアバターを入れて読者が探検しているような感覚が読んでいてありますよね。

武田　この工夫によって、読者がよりいっそう楽しめるようになっています。

江南　そう。三人称多元の、つまり登場人物全員を等距離で捉える叙述だと、このドライヴ感が出ないと思います。視点の設定がうまい。

都甲　考え方がハードボイルド小説ですよね。現代人がタイムスリップして、一六世紀を変えていく感覚です。主人公が複数の言語を喋れて、経済がわかって、権力者とも関わりがあって、って、何だか『007』みたい（笑）。しかも、タフで頭が切れる。そんな超人の視点で追体験できるから、読者としては面白くてしょうがないですよね。

たまに人情が出てくるところも、またいいんです。ものすごく虐待を受けていた男の子が、ヨーロッパを放浪して何カ国語も身につけて、おまけに戦闘技術まで身につけているから、追い込まれてもナイフ一本あればどんな危機も脱せるでしょ。古い価値観と新しい思想が並列していて、しかも拮抗しているのが面白い。だからダイナミックです。

江南　たくさん策略を練るから、すんなり王とキャサリンは離婚できるのかと思ったら、そう簡単には行かない（笑）。

武田 離婚を正当化するための論理の無茶苦茶っぷりも、本書のみどころです（笑）。

都甲 法律がきちんと機能していない世界は怖いなって思いますよね。そういう場所では、無理矢理なゴリ押しや、持って生まれた美貌で身を守るしかない。でも、そういう世界だからこそ、クロムウェルのような家柄がよくない人でものし上がれる。アンも、何回失敗しても宮廷で美貌を使ってのし上がる。

武田 一方でアンを中心とする貴族たちはドロドロの陰謀劇を演じている。もう一方で王や貴族の横暴を止めようとするトマス・モアという法の番人も描かれる。でも、クロムウェルは、この対立をどこか醒めた目で見ています。

都甲 そのときそのときで相手にうまいこと合わせているんですよね。でも、世話になった人への恩義は忘れない。

武田 すごく『ゴッドファーザー』的ですよね（笑）。クロムウェルは実の息子ではない子から好かれていたり、血のつながりはないけれど、自分を引き立ててくれたウルジー枢機卿のことを実父以上に慕っている。醒めた観察者だからといって、冷血なわけでもないんです。

江南 義理人情が小説の中でフックになっていて、浪花節っぽいのも読みやすい。

武田 ウルジーも商人階級の出身ですし、クロムウェルとは非常に近い国家のヴィジョンを持っていたと思うんですね。ただ、ウルジーのほうがかなり派手だった。

都甲　ウルジー失脚の原因は、公の場で人をけなすことが好きだったから、って、それこそ司馬遼太郎の小説みたいです。「明智光秀を人前でめちゃくちゃに罵ったから殺された」みたいな。

武田　だから、クロムウェルはあえて地味な役割に徹しながら、ウルジーの目指した国のあり方、国の富を増やす世界を目指したんです。混沌とした時代のなか、英雄豪傑とは一味違う主人公が、庶民の視点から全く新しい国づくりを目指す大河ロマンとして、とても楽しめます。

ブッカー賞は理想の文学賞？

都甲　ブッカー賞って、カリブ海やインドの人もどんどん獲りますよね。イギリス人はそういうことに対してどう思っているんでしょう。

武田　自然に受け止めていると思います。インド系作家を代表するサルマン・ラシュディは一九八一年に『真夜中の子供たち』（早川書房、全二巻）で受賞してますが、その後、一九九三年と二〇〇八年に「ブッカー賞中のブッカー賞」を決めたとき、二回ともこの作品が選ばれています。つまり、出身地による偏見や贔屓はなく、単に実力のある作家が受賞しているということです。また、ラシュディやアトウッドの描く人物と社会は、決してイギリス人になじみのないものではありません。

都甲　ロンドンには、普通に世界中から来た移民が住んでいますもんね。

武田　ブッカー賞こそ獲っていませんが、ゼイディー・スミスやハニフ・クレイシなど、イギリスへの移民の第二世代で活躍する作家もたくさんいます。それに遡れば一九世紀のディケンズだって、作品のなかで交易先として中国を出したり、オーストラリア在住の篤志家を登場させたりと、大英帝国を反映して「グローバル」な文学を書いています。

都甲　ジェイン・オースティンの『マンスフィールド・パーク』（ちくま文庫）にも、カリブ海の荘園の描写がありますしね。

武田　これは植民地主義の遺産として批判もできるでしょうが、その歴史を乗り越えて、様々な地域に英語の個性豊かな文学が開花しているのは悪いことではありません。そして、それをちゃんと評価できる賞として、ブッカー賞があるんだと思います。

江南　ブッカー国際賞のレギュレーションをじわじわ変えているところも含めて、世界的に、この賞全体がプレゼンスを持つことをちゃんと意識している。こういうところは、強いですね。世界中の文学ファンが、そりゃ注目しますよ。

武田　我々が英語で小説を書いたって候補になる可能性があるんですからね（笑）。

都甲　受賞作に統一感がないのに、全部面白くて、どれを読んでも損がない。そんな理想的な状態を維持できている、世界でも数少ない文学賞だと思います。

［三人が選ぶ、今後受賞してほしい人］

都甲　チママンダ・ンゴズィ・アディーチェ

武田　トマス・ピンチョン、ゼイディー・スミス、コルム・トビーン、未知の新星

江南　イアン・マキューアン（2回目）、アンソニー・ドーア

Chapter Five

Speakers in This Chapter

話し手＝

都甲幸治

藤野可織

桑田光平

写真のように本を読む

「ゴンクール賞」

Data

正式名称：ゴンクール賞

主催：アカデミー・ゴンクール（フランス）

開始年：1903 年（1 年に 1 回）

賞金：10 ユーロ

フランス最古の文学賞

都甲　ゴンクール賞って、フランスの有名な文学賞だな、ってくらいの知識だったんですけど、受賞リストを見てみると、けっこう知っている作品が多いんですよね。マルグリット・デュラスは僕が大学生のときに流行りましたし、ミシェル・ウエルベックは今日本で人気です。モディアノはノーベル文学賞も受賞しています。さらに遡ると、プルーストやボーヴォワールのような「ザ・フランス文学」という感じの人たちもいます。あとはターハル・ベン＝ジェルーンやシャモワゾーのような第三世界文学ですね。気になる人がたくさんいます。フランスではゴンクール賞って、どういう位置づけなんでしょう。

桑田　フランスには有名な文学賞がいくつかあるんですが、そのなかで一番古いものがゴンクール賞です。ゴンクール兄弟の遺産によって作られました。この兄弟は作家なんですが、亡くなった親の遺産があるので、お金に困らない人たちだったようです。

藤野　うらやましい。夢みたい。

桑田　だから、売文的なことをする必要がなかった珍しい作家だと言えます。それで、生きているうちから、自分たちの遺産でアカデミーと文学賞を作ろうって兄弟で話していたそう。そのことを遺言に書いて、弟は一八七〇年、兄は一八九六年に亡くなったんですが、文学賞の創設に遺族が反対して十年ほど揉めまして（笑）、最終的に一九〇三年にアカデミーとゴンクール賞が創設されます。

選考委員は十人なんですけど、初回は全員男でした。それに対抗して、フェミナ賞という女性だけが審査員の文学賞が、翌年女性誌から発展する形で誕生しました。この二つが古くて有名な賞ですね。その後創設されたものに、批評家やジャーナリスト中心の審査員からなるルノードー賞や若手に与えられることの多いメディシス賞があります。だから、ゴンクール賞が一番古くて権威がある、という位置づけですかね。

傾向としては、どっちかっていうと若めの作家が獲りやすいです。四十代くらいの人たち。

都甲　中堅になりたて、みたいなイメージですか？

桑田　そうですね。あと、詩とか批評とか、ここ二、三十年くらいで色々枝分かれしました。今回取り上げるのは本来のゴンクール賞です。

露光過多の文学

都甲 最初はデュラスの『愛人《ラマン》』（河出文庫）です。僕が大学生くらいのときにめっちゃ流行って、映画も大ヒットしました。

藤野 あらすじをうまく説明できないんですけど、ものすごく簡単にいうとですね、思い返してみるに書き手にとって自分が何者であるのかは、かつて一五歳半の少女だったときの経験によって決定されたのである、というようなことが書いてあります。その一五歳半のあたりに具体的に何が起こったかというと、当時彼女はインドシナで事業に失敗した母親、それから兄二人と暮らしていて、一二歳上の富豪の中国人青年との性愛に目覚めるんですよね。

都甲 映画のイメージが強いから、脳内に中国人男性とフランス人少女の禁断の恋とか、愛欲とか、桃色なムードが渦巻いちゃってときめいてたんだけど（笑）、二十年ぶりに読んだら全然内容が違ってました。

藤野 全然嬉しくも恥ずかしくもない感じですよね。

都甲 あの僕の妄想は何だったんでしょう（笑）。

藤野 映画を見た都甲さんが、嬉し恥ずかしかったんじゃないでしょうか（笑）。

桑田 当時、そういうモードってあったと思いますよ。内容よりも、フランス的と思われている性愛観が先行イメージとして伝えられる風潮。

藤野 実は私も大学生のとき、嬉し恥ずかしい映画だと思って喜んでリバイバル上映を見に行ったんですよね。その後に、イヤらしくてとてもよかったなあって思って原作を買って帰ったんです。

都甲 やっぱり映画のイメージが強いですよね。

藤野 そうなんです。主役の女の子はきれいだし、中国人のお尻はテカテカしてるし。とにかくお尻が光ってたことが印象的でしたね。あと、小説のなかでもすごくこだわってるんだけど、中国人と最初に出会ったときのファッションが、超かわいかった。男物の帽子をかぶって口紅を塗って、着古したワンピースをベルトで締めて、金ラメのハイヒールって、今でもかわいいですよね。

都甲 真似したくなる感じですか？

藤野 当時大学生だったので、うっかり真似してました（笑）。バナナの叩き売りのおじさんみたいになっちゃいましたけど。

都甲 そんなイメージが強い『愛人』ですが、中心は母と娘の葛藤ですよね。母は兄のことばかり好きで娘には愛情をかけないとか、役人に騙されてどうしようもない土地を買っちゃって、どんどんと狂っていくとか。そんな母が中心にいるギスギスした家庭で、何とか自分を取り戻そうとして娘が大暴れする話です。

藤野 そういう病んだ家庭で生きていくには、一足早く大人にならざるを得なくて、その方法としてセックスを選ぶというのは、よくある話ではありますよね。

都甲 でも、性的に成熟することで反抗しているように見えて、実は母親が、自分の稼ぎだけでは家族を養えないからって、暗に娘が金持ちの愛人と化していくのを黙認というか、後押ししている節があるでしょ。

藤野 完全に援助交際ですよね。それを普通の親っぽく怒ったり嘆いたりしたかと思ったらやっぱお金はもらいなさいって後押ししたり、困った人ですね。

都甲 自分がやってみたかった派手な暮らしを娘にさせているようなところもありますよね。母の狂いようが面白くて、「彼女の生涯の終わりのころの冬のあいだ、凍てつくときに仔羊を、四頭から六頭の仔羊を自分のベッドのまわりで眠らせていた」とか、まるでマルケスの『族長の秋』（集英社文庫）に出てくるボロボロになった宮殿みたいです（笑）。

藤野 家でひよこを六百匹孵化させて、みんな殺すとかいいですよね。

桑田 いいんですか!?（笑）

都甲 昔はこういう奇妙な細部を読み飛ばしちゃってました。多分、デュラスって文章がおしゃれだから、当時の僕はそれに圧倒されてしまって、こういうところが読めなかったんだと思います。

藤野　確かに、最初のほうの「思えばわたしの人生はとても早く、手の打ちようがなくなってしまった」とか「わたしは破壊された顔をしている」とか、やたらかっこいいですもんね。そういうところも好きです。うおー飛ばしてんなあ、しょってんなあって。いいぞもっとやれ、と思います。

インドシナを去ることになってフランスに向かう船に乗ってからも、親が決めた相手と結婚することになった中国人に対して「あのひとは長いあいだ、その娘とベッドをともにすることができず」自分、つまり主人公のことばかり考えていて、ようやくできたとしてもそれは自分への渇望のあまりそうしたんだ、って勝手に想像しているところも最高です。

桑田　よく指摘されていることなのでしょうが、デュラスの小説って、今出てきたみたいに必ず三人の関係なんです。『愛人』だと、お母さんとお兄さんの愛のなかに主人公がいる。また、下の兄と近親相姦的な関係にありながら、中国人と肉体関係を結ぶ。そして、別の女性との結婚が決められていたその中国人に対しては、フランスに向けて出発した船中でようやく、実は愛していたんじゃないかって考え出しますよね。そういう不在の第三者のまなざしがデュラスの恋愛には出てくるんです。しかも、しばしば二人の愛を不可能にするものとして。たとえば、エレーヌ・ラゴネルっていう寮が一緒の女の子が出てくるんだけど、エレーヌの体を愛人である中国人に提供したいと主人公が妄想するシーンがあるでしょ。キてますよね。

デュラスって、主人公はもう何か大きな出来事があった後の世界を見ている感じがします。我々が思っている二人の愛、っていう関係じゃなくて、それが破綻してしまった後へのまなざし。愛は絶対成就しない、ということがわかってから見ているから、そういう三者の関係が出てくるように思います。

都甲 相手が不在のときしか愛は明確には感じられない、ということなんでしょうかね。いつも目の前にいる人とは愛の関係が絶対に成就しないという感覚を、短い小説でここまで暴き立てるというのはすごい。

桑田 この小説って、自伝でもあるんですよね。本当にデュラスのお母さんはフランス領インドシナで政府からの払い下げ地を買っちゃって、その後おかしくなっちゃう。『愛人』は一九八四年の作品ですが、一九五〇年に彼女が書いた『太平洋の防波堤』(『太平洋の防波堤/愛人/悲しみよ　こんにちは』収録、河出書房新社)という内容の近い自伝的作品があって、それは普通の物語形式で書かれています。『愛人』では記憶の断片が、時間軸に沿わない形で描かれていますよね。

都甲 同じ話が何回も反復されていますよね。

桑田 『太平洋の防波堤』は、ゴンクール賞を獲りそこねた作品で、二部構成になっています。中国人は「ムッシュ・ジョー」という国籍がわからない名前で出てきますし、『愛人』

の主人公に当たる人物はシュザンヌという名前。ジョーのほうが惚れちゃって、蓄音機とかダイヤモンドをシュザンヌに贈ります。

さっき藤野さんが喜んでたひよこのシーンは、『太平洋の防波堤』では人間の子どもが生まれては死んでいくシーンと重なります。ここは圧巻です。

藤野　めっちゃ面白そうですね！

桑田　現地の子どもは、毎年みんな決まった時期に生まれ、決まった時期に死んじゃうという。母親が預かっていた子どももすぐに死んでしまいます。根源的な不毛ですよね。階級や貧しさやセクシャリティとも結びついた当時のインドシナの海辺が、デュラスのなかに原風景としてあるんですが、それが徹底的に不毛。その不毛を目の当たりにして、お母さんが狂っていく。育つのに百年以上かかる植物を植えちゃったりするの（笑）。

ただ、『太平洋の防波堤』が、三四年を経て『愛人』になったときに、かつての物語はなくなっていた。少なくとも形の上では。防波堤のある海の白さについて、デュラスは色々な作品で書いているように僕は思うのですが、それは根源的に不毛で全てを白くしてしまうもの、という感じなんですね。『太平洋の防波堤』ではそれが物語のなかに回収されていたんですが、『愛人』では違うスタイルになった。それは「わたしの人生の物語などというものは存在しない」って言葉にも表れていて、あまりに原初の光景が、あの白い光景がまぶしくて物語になれないという感じ……「露光過多の文学」と僕は呼んでいますが。

光が強すぎて直視できないものを、切れ切れの文章で書くしかないのかなって思いました。

都甲 トラウマ研究という分野でも、ある種の根源的なカタストロフがあると、人はその記憶にいつも戻らざるをえないんだけど、直視すると人格が破壊されてしまうから、そのたびに回避してしまう、という考えがありますよね。そうした運動がコントロールできない形で繰り返されるから、断片が積み重なっていくんです。

あと、植民地の問題もすごいですよね。中国人の愛人と家族の会食会で、家族は彼に一回も口をきかないんだよ(笑)。

藤野 ここ、ひどいですよね。差別しすぎ。

都甲 「中国人だから、白人じゃないんだから」っていうのが当たり前の世界です。でも、主人公の一家は貧乏で、白人である以外何の取り柄もない。

藤野 クズですね。

都甲 そんななか中国人の青年は愛を貫こうとするんだけど、思いっきり家族にはじき飛ばされる。こういうところも昔は読み飛ばしてました。こういうイヤらしさを、ここまでべったりと書き切るのもすごい。そして、その暴力性が家族においては、母と娘の関係のなかで反復されるんです。しかも二人の対話が成り立たないから、永久に解決しない。

桑田 話せばわかる、っていうのは、デュラスの世界には存在しないですね。

都甲 限りなく狂気に近い話なんだけど、同時に人間ってこういうものなんじゃないの、とデュラスに言われている気もします。

桑田 愛し合うなんて、って（笑）。

都甲 唯一可能性があるとしたら、愛の関係が決定的に失われてもう二度と会えなくなったときに、ひょっとしたら愛していなかったわけではなかったのかもしれない、と思い返すという形だけなんです。

桑田 恋愛について考えるときは、まず読んでほしい作家です。デュラスって、六六歳のときに、三八歳年下のヤン・アンドレアという恋人ができるんですが、彼は同性愛者なんです。デュラスってもともとは同性愛にある意味で否定的だったんですが、ヤン・アンドレアと出会うと、死ぬまで彼と同棲し、愛するんです。彼女の遺作『これで、おしまい』（河出書房新社）には、彼への愛の言葉が激しく書かれています。あれを読むと、愛って何なのだろうって思います。

藤野 すてき。男女の間の愛っていうと、性愛を軸にして結びついていると考えられがちだし、実際そうやって始まるのがまあ一般的というか、多数派だとは思うんですが、別のものを軸にした愛情の形があると思うと、こう、目の前がぱあっと明るくなりますね。人生に希望が持てる。だって、性愛を軸にした男女の関係って、これは別に男女だけじゃなくてどんな性の組み合わせでもそうだと思うんですけど、二人がどんなに対等であろうとしても、それは結局は実現できないんですよ。もちろん、別のものを軸にしたからって対等であるとは限らないんですけど、でも少なくとも可能性があると思えるのは何だかとてもいいものです。

ちょっと作品から話が逸れちゃいました、すみません。『愛人』のなかで愛について語られている言葉だと、これは家族への愛のことですが、「いまでは彼らは死んでしまった、母とふたりの兄は。追憶も、もう手遅れなのだ。いまではわたしはもう彼らを愛してはいない」っていうところがあります。ここも、愛に対するデュラスの態度が表れていると思います。「愛してはいない」から書けるんですよね。桑田さんのおっしゃった「露光過多」の光は愛で、それが過ぎ去ったから露出が合ってものごとを捉えることができるようになったっていうことなんじゃないでしょうか。

そして私がなによりこの『愛人』で好きなのは、断片が時系列を無視して並べられるという構成なんですけど、このやり方のせいでしじゅう海の波の気配を感じますよね。波の荒々しさと、抵抗しようのない強い揺さぶりを思わせる書き方です。読点が続く長い文章も波っぽさに拍車をかけてて、読んでいると異様に気持ちがいいです。

チャラいアートで世界を書き換える

都甲　次はミシェル・ウエルベックの『地図と領土』（ちくま文庫）です。二〇一五年には『服従』（河出書房新社）が大きな話題を呼んだ作家ですが、この『地図と領土』ももののすごくいいですね。

ジェドっていう男が主人公で、美大を出た後にミシュランの地図を写真に撮って作品にしたら、コンセプチュアル・アートみたいに受け止められて有名になるんです。その次に仕掛けたのは、人間をあえて油絵で描くという作品です。これでさらに有名になる。最後は、全ての文明が植物のなかに埋もれていくビデオ・アートを作って、めちゃくちゃ偉い人になるという話です。そして作中にはウエルベックもキャラクターの一人として登場します。

藤野　ジェドって生まれもお金持ちだし美女と付き合うし、本当にイヤな奴ですよね。

都甲　相手は絶対に美女なんですよね。しかもジェドは熱烈に愛するわけでもない。そういうところも面白い。

藤野　自分の作品に対してもそうですよね。いまいちピンと来ないっす、みたいな。なのにいちいち大成功しててムカつく（笑）。小説は本当に面白かったですが、こいつは嫌いです。

都甲　ジェフ・クーンズがマイケル・ジャクソンの彫像を作るというようなチャラいところから資本主義批判まで、細部もビシビシ決まってます。小説としても作りがうまいし、藤野さんが喜びそうな死体損壊アートっぽい話も入ってます。

藤野　そうなんですよね。ただ、文庫版の帯に「ウエルベック、惨殺!?」って大きく書いてあったから「ああ、ウエルベック惨殺されんねや」と思って楽しみに読んでたんですが、なかなか死なないんですよ。早く死ねばいいのにと思いながら読んでました。

桑田　藤野さんはそういう人なんですか!?（笑）

都甲　資本主義やアートに関する、本筋とは関係ない考察がいちいち楽しいんですよね。電気製品の話でも、日本製の説明書は文章の態度がでかい。ドイツ製の説明書は説得力のある物語を提示してくれるけど、製品の質が今一つだ。でも韓国製の説明書は人を歓迎しているからいいとか、小説としてはなくてもかまわないですよね（笑）。あとジェドの友人たちはキリストの生涯よりスパイダーマンの生涯についてのほうが詳しいとか。

藤野　なくてもいいところがたくさんあって楽しいですよね。ちょっと『オスカー・ワオの短く凄まじい人生』（新潮社）っぽい。

桑田　無駄なディテールが面白いところは同じですよね。すごく現代っぽい。

都甲　色々面白いものがごちゃっと詰まっていて、読んでいて楽しい本です。読者にウケるためなら何でもやるというような、いい意味で底が浅い感じがたまらない。

藤野　ジェドが作る作品が、読んでいるといちいちどんなんか、かなり具体的に思い浮かぶのも楽しいです。

桑田　それ、作家としては一番難しいですよね。架空の面白い作品を、しかもありそうな作品を考え出さなきゃいけないんだから。

藤野　ちゃんと、世間でウケそうな作品なんですよ。適度にチャラくて（笑）。

都甲　「ビル・ゲイツとスティーヴ・ジョブズ、情報科学の将来を語りあう」なんてタイトルだもの（笑）。

藤野　そういう俗っぽい作品がいやに崇高な感じで描かれて、それを見てみんなが喜ぶっていうのももう、ありありと目に浮かびますよね。

都甲　現代美術って難しいな、と思う人が「これならわかる！」と感じるラインをウエルベックは巧みについています。ミシュランだってそうでしょ。普通に売っている地図なんですから。

藤野　最後のビデオ作品は、実際にあったら私もわりと好きかなと思いました。

都甲　美術界で、何が今高値で取引されているのかを彼はちゃんと調査してそうですね。

桑田　冒頭に出てくるジェフ・クーンズとダミアン・ハーストは実在の美術作家ですしね。

藤野　ダミアン・ハーストの輪切り動物の作品は、何かと引用されがちですよね。映画の『ザ・セル』とか、ドラマの『ハンニバル』にも出てきました。

都甲　そういうアートも面白いんだけど、ジェドの人間関係の貧しさもすごい。親しくないけど知り合い、みたいな人たちがパーティーに行くと大量にいるでしょ。そういう人たちに好印象を植えつけるために、ひたすら話を聞いている顔をしながらうなずくだけで、一言も発しないんです。主人公は一見変な人なんだけど、ジュヌヴィエーヴと別れたシーンを読むと、意外と普通な人なのかなという気もしてきます。

桑田　そうなんですよね、スーパーマーケットが最高のユートピアだとか、雑誌を読まないとか、一見今風なんです。それなのに、最後の作品が自然だけが残るようなヴィジョンを示すものだから、色々やったあげく自然回帰するように見えるんだけど、実はかなり早い段階でそのイメージって出てるんですよね。

都甲　ウエルベックとウィリアム・モリスについて話すシーンもそうで、ジェドは普通にやすらぎがほしいと思っている人に見えます。

桑田　雑誌を読まないというのも、ウエルベックとの会話のなかで出てきます。そのあと「パリでは周囲に情報が満ちあふれていて、キオスクの前をとおれば否が応でも見出しが目に入るし、レジに並んでいるあいだにも人々のうわさが聞こえてくる。祖母の葬儀にクルーズに出かけたときには、首都から遠ざかるほど大気中の情報密度も下がるということ、そしてより一般的に、人間的な事柄の重要性が減っていき、少しずつ何もかもが消え失せ、植物だけが残るということもありありと実感したのだった」って言うんですよね。ジェドって都会的でモダンで中身がない感じがするんだけど、小説の初めから、どこかでモダニズム以前の感覚、あるいは、モダニズムが終わった後の感覚を持っている人でもあるんですよね。うまく混ざってて、それこそが今っぽいと思うのですけど。

都甲　この感覚って今どきですよね。

桑田　だってこの人、地図をアートとして作品にしているのに、パリで道に迷って普通に地図を見るんですよ（笑）。作品として使っているのに、以前からの地図の使い方もしている面白い人なんです。

藤野　スマホでグーグルマップ開いたりしないんですね。

桑田　モダンな都市生活を送りながらも、その外部に対する眼差しをもっている人だから、最後のほうに出てくるモダニティって間違いだったんじゃないか、みたいな発想に至る。

都甲　ウエルベックの作品って、今風にちょうどいい感じに保守的なところがありますよね。新しいものを礼賛するだけじゃなく、意外と人間って古いものが好きだよね、ということを彼は臆面もなく言ってきて、読者にそうだよね、って思わせる。だから、よりリベラルな上の世代は彼を激しく批判しているのかもしれない。『地図と領土』のなかにも、ウエルベックはものすごく評判が悪いなんて話が出てくるでしょ（笑）。

あと、ジェドと恋人だったオルガとの関係がすごい楽しいの。オルガがロシアに行くとき、ジェドはあっそ、って感じの反応で彼女を全然追いかけないどころか、メールもしなくなって十年ほったらかしなんです。その受け身なところや、戻ってきたら一回だけ会ってみるところに、読んでいて変なリアルさを感じました。彼はアート作品を作るときにも、直感に従ってるだけで、自分からは何一つ積極的に選択しない。作風も、今までのやり方がもう無理だと思ったらぱっと変えちゃう。

藤野 でも、ウエルベックに対してだけは、すごく積極的なんですよね。

桑田 作品作りにも情熱かけないいし、努力しなくてもモテちゃうんだけど、ウエルベック相手になった途端、深い思想があるかのように話し出すでしょ。

都甲 しかもそれによって、作中のウエルベックがこの上ない賢人に見えてくるんだよね(笑)。

藤野 でも、ジェドに好かれたせいでウエルベックはひどい死に方をしちゃう。

桑田 犯行現場の写真をジャクソン・ポロックみたいだって言うところは笑えましたね。

藤野 出てくる刑事もおかしいですよね。一度顔を見たら二度と忘れない刑事が出てくるんですけど、一瞬しか出てこない(笑)。その人のことも、ティエリー・ジョンケ好きの若い刑事のこともっと知りたいのに!

都甲 あと、惨殺現場を見るとみんな気持ち悪くなるけれど、私はスリランカで腐っていく死体を前にして何日も瞑想をする修行を受けてきたから大丈夫だ、とか言い出す刑事も出てくる。

桑田　わけわかんないスピリチュアリズムですよね。僧侶のほうも、本当は仏教徒じゃなきゃダメなんだけど、あなたがそういう職業についているなら特別許そう、って修行させてあげるってどうなんでしょう。

都甲　観光スピリチュアリズムの風刺っぽいですよね。

桑田　パワースポット巡りみたいなもんですよね。すごく現代的。

藤野　この修行、ちょっと受けてみたいです。あと、猟奇殺人犯にはさらっとしか触れないんですよ。私、ずっと待ってたのに。やっと出てきた！　と思ったのに。それだけで一冊書けそうな話なのに。

桑田　本来だったら、ジェドより犯人のほうが文学の題材になりやすい人ですよね。

都甲　ただ猟奇的なだけっていうのは、ウエルベックの世界観ではそんなに面白い人じゃないんでしょうね。普通なのに激しく売れるとか、普通なのに人を傷つけるとかのほうが彼の興味をひくんだと思います。ジェドのお父さんだって、ジェドに見捨てられたことで、半ば殺されたようなものだし。

桑田　タイトルの『地図と領土』の地図は、ジェドが作品の素材にするミシュランの地図ですよね。地図から人間や生き物の声を聞き取りながらも、それを現代的に書き換えて作品にしていく。そうやって資本主義に飛び込んでいった。じゃあ領土はなんだろうって思うと、彼のお父さんは建築家で、領土を作っていく人。でもすぐに夢破れる。世界って、地図を書き換えても領土を作り替えても滅びるしかない。そういう考えが、最後のビデオ・アートの廃墟のような作品につながっているんです。今の世界が終わってしまったあとのヴィジョンを、読者にアクセスしやすい形で見せてくれる作家ですね。

記憶探偵モディアノ

都甲　最後はパトリック・モディアノの『暗いブティック通り』(白水社)です。

桑田　これはモディアノの八作目ですね。探偵事務所に勤めている語り手の「私」は、実は十年くらい前から記憶を失っています。それで、自分とは何者かを探していくという「失われた私を求めて」みたいな作品です。自分が誰なのか、本名すらわからないんですけど、勤務先の探偵事務所のボスにギー・ロランという名前を与えられています。

都甲　この名前って、フランス語では無色透明なものなんですか。

桑田　そうですね、かなりありきたりの名前だと思います。日本人名だと山本隆くらいでしょうか、おそらく。それで、聞き込みをしたり人に会ったりして、少しずつ過去の自分の調査をしていくんです。なかなか辿りつかないんだけど、最後には……という話です。

都甲　モディアノだと『八月の日曜日』（水声社）を読んだことがあるんですが、すごく内容が近かったですね。

桑田　どの作品も似てるんですよね、モディアノは。ゴンクール賞作品だとプルーストの『失われた時を求めて』（集英社文庫、全一三巻）や、ある意味でパスカル・キニャールの『さまよえる影たち』（水声社、新訳近刊）などもそうなんですけど、失われた過去、忘れ去られた過去にどうやって接近できるか、あるいはそれをどのような形で新たに構築できるか、ということをやっています。特にモディアノは、自分が経験した過去ではなく、自分が生まれる前の時代、占領下の時代にこだわっています。自分が経験していない過去、名もない過去、歴史の影。そういうものにどうやって手触りを与えるかということを文学的に優れた形で提示していると思います。どれも似ているけれど、読んでいて飽きないんです。このパターンか、って何となくわかるんだけど、それまでの展開が面白い。

その一つの要因は、失われた過去を探るときに些細な手がかりに頼ること。声とか写真とかイメージとか、ちょっとした細部から、徐々に記憶が取り戻されていく過程がいいんです。

都甲　何か胡椒の匂いがするとかいったことが、調べていくうちに過去の記憶につながるんですよね。断片的には光景が浮かぶんだけど、それがどこだかわからないとか。

桑田　もう一つの要因は、そういうよくわからないものを思い出すっていう感覚が、現代では難しくなっていると思うのですが、それを経験させてくれるからです。記憶を彷徨う感覚。今って全部データが残っているじゃないですか。通話も履歴を見ればわかるし、過去に対する感覚が鈍っていると思います。人生のなかで消えていくものってたくさんあるはずなのに。

都甲　ググればいいじゃん、みたいな感じはありますよね。

桑田　忘れるっていう感覚自体を忘れていて、思い出すということに対する感覚が日常的じゃなくなっているんだと思います。

藤野　それ、すごくわかります。「あれなんやったけなあ」って自分の記憶や経験が思い出せないときに、無意識でググろうとしたことがありますもん。自分の脳のなかにしかないのに。

桑田　プルーストも記憶の小説なんだけど、彼の場合は語り手の「私」がしっかりしてるんですよ。切れ切れの記憶を集めていくんだけど、「私」がしっかりしているから、そこを中心に世界が再構築できる。でも『暗いブティック通り』は「私」が最初から穴だから、たぐっていってもそれが本当にそうなのかわからないんです。

都甲　途中で推定してた自分の名前が、ハズレだったってわかったりしますよね。

藤野　あのシーン大好き。その人の思い出とかを自分で勝手に捏造してたのに、違うってわかって「残念だ」って言うんです。思わず笑っちゃいました。

都甲　だいぶ自己があやふやですよね。

桑田　そこが面白いんです。「マッケヴォイさんですよね?」「は、はい……」みたいなやりとり。

藤野　人に会うたびに、この写真の人って僕に似てますよね、って聞くのもすごい。普通、こんなこと聞かれたら引きますよね。

桑田　そういうふうに、間違った情報でも勝手に取り込んで話を作っちゃうでしょ。だから、今主人公の名前は何だっけ、ってなるんですよね。目眩がしてくるような感覚です。

都甲　あと、AさんとBさんは名前は違うけど実は同一人物だった、といった場面もあるから、全部があやふやなんですよね。

桑田　その感覚がたまりません。

都甲　主人公は色々なところで証人に会うんだけど、みんな大体忘れてるんですよね。彼らは過去を無理矢理思い出そうとするから、証言の信憑性はかなり怪しい。

桑田　あと、聞きたいことと違う方向に話が進んだりもする。

都甲　そういうふうに、記憶のあり方を読んでいく本なんですね。

桑田　名前が複数という話がありましたけど、モディアノのお父さんはユダヤ人で、ドイツ占領下のフランスでビクビクしながら暮らしていたそうです。当時のユダヤ人は名前を複数持っていたり、パスポートを偽造していくつも持っていたので、アイデンティティの揺らぎを常に感じていました。そういう自伝的な要素も入っているんじゃないでしょうか。

都甲　ベルギーのフラマン語が通じる飲み屋も出てくるじゃないですか。そこの客の話し言葉について「きっとフラマン語だろうが、変な言葉で喋っていた」とか主人公は冷たいことを言ってますけど、実はモディアノのお母さんはフラマン系なんですよね。ここは、フランス人に自分はこう見られている、というのを彼がちらっと出しているのかなと思いました。モディアノの伝記的な事実を知っていると、そういうディテールも楽しめますよね。

桑田　他の作品と読み比べて面白いのも、そういう細部ですね。あ、これあの作品にもあった、みたいな。

都甲　他人の記憶を引き継ぐってどういうこと、証言するってどういうこと、正しい記憶って何、というテーマは、芥川賞のコーナーで話した目取真俊とも共通しています。国は違っていても主題はすごく近いし、どちらも戦争が絡んでいます。『愛人』もそうですけど。

藤野　もう一つ気になったのは、ミニュットリーがすごく効いているなってこと。一定時間経つと勝手に消えちゃう電球ですね。人間も集中力がなくなるとあるときパチって切れちゃうし、記憶も勝手に消えちゃうし、すごく作品内で響いてます。

都甲　ミニュットリーって、フランスに普通にあるものなんですか。

桑田　ありますね。どのアパートにも必ずついてます。

都甲　酒場で証言を集めてるときも、証人は途中まではノリノリで過去について喋ってるのに、あとで疲れてくると主人公が誰だかさえわからなくなちゃったりする。

藤野　それって読者にも当てはまると思います。どこかを必ず読み落としてしまってそうな読書体験。人がいっぱい出てくると覚えられないし、出来事もあんまり色々あるとすっぽり抜けちゃったり、何となく覚えてるけど時系列があやふやだったり。私はしょっちゅうそんな感じで、焦ったり自分の頭の悪さを罵ったりしながら読み進めるんですけど、モディアノにはそれを許すというか、むしろ促しているようなところがありますよね。

桑田　そういう構造も好きです。モディアノの作品って、意図的に情報を落としていて、それは記憶も同じなんだと思います。文学研究だったら、細部を読み落としたらそれは「読み違えた」って言われちゃうんです。でも、読み落としがないことなんてありえないでしょ。

藤野　作中にも、人の話を聞いていて語り手が、これ覚えてられるかな、って思うシーンがありますよね。それで、あ、いいんだ、って思いました。

都甲　メモしたいんだけど、メモすると相手が話すの止めちゃうから苦しむんだよね。そして結局は忘れちゃう（笑）。

桑田　普通はそういう読書が当たり前なんですよね。だから、研究者の読み方のほうに不自然さを感じるときもあります。細部を読み込みすぎる。

都甲　あとは、解説にも書いてありましたが、現代小説と探偵小説は相性がいいんでしょうね。モディアノは、おしゃれになったポール・オースターって感じです。忘れっぽいおじさんがモゴモゴ語る、不思議なおしゃれさです。

桑田　張り込み刑事系だ。モディアノの最新作『あなたがこの辺りで迷わないように』（水声社）って、作家本人と思しき初老の物書きが主人公なんですよ。ある日電話がかかってきて、あなたの手帳拾いましたって言われるんです。そこから、記憶の穴のようなどうしても思い出せないある事件に引き寄せられ、それが本当のところ何だったのかを知ろうとする。消え去ったものを探すという意味で、自然と探偵小説風になっていくんだと思います。

藤野　普段小説を書いててよく思うんですけど、書くことって何かを解き明かそうと努力することに似てるんですね。だから、ドラマとかで見るような探偵の仕事と共通するものがあるなあっていう気がします。ただ、ドラマの探偵は一応犯人とか動機とか、解き明かすものがはっきりしてるんですけど、小説のほうは今自分が解き明かそうとしているのが何なのかがよくわかんないんですよね。不毛なんです。でも何となく、不毛じゃないとだめなんじゃないかなあと思います。

小説ごとの、光の当たり方

都甲 今回の三冊、どれもレベルが高いですよね。

藤野 どれもすごく面白かった。

都甲 おしゃれさも、構成の巧みさも、文章の質も、思索の深さも圧倒的です。

桑田 日本だと、七、八〇年代に特にフランス文学が人気でしたよね。

都甲 あれ、僕の感覚が古いんでしょうか（笑）。でも読んでいて「ザ・文学」という感じがしました。アメリカ文学もイギリス文学も、書き手はメインストリームじゃなくて周縁部からやって来た人が多いですよね。デュラスはインドシナですし、ウエルベックはレユニオン島出身、モディアノはユダヤ人とフラマン系のハーフと、誰も純粋なフランス人というわけではない。そういう人たちが活躍しているっていうのはいいですね。昔フランス文学にハマっていたときには気づかなかった、こういう社会的なことがわかってくるとまた面白いです。

桑田 デュラスは露光過多の文学だと言いましたけど、モディアノには光が少ないですね。撮った写真に光が足りないから、何が写っているかわからない。それを探しに行く話。

都甲 ピントもずれてそうですしね。

藤野 顔の中身が影でしか構成されてない写真ですね。

桑田 写真文学って、写真が実際に登場しなくとも成立するんです。書き方とか構造そのものが、ある意味で写真的であるというのは、実はけっこうあるんじゃないでしょうか。

［三人が選ぶ、今後受賞してほしい人］

都甲 ローラン・ビネ

藤野 生きていたらティエリー・ジョンケなんですけど

桑田 ローラン・モヴィニエ

Chapter Six

Speakers in This Chapter

話し手＝
都甲幸治
藤井光
谷崎由依

アメリカとは何かを考える「ピュリツァー賞」

Data

正式名称：ピュリツァー賞フィクション部門
主催：コロンビア大学（アメリカ）
開始年：1917年（1948年にフィクション部門という名前に変更、1年に1回）
賞金：3,000米ドル

いかにも「アメリカらしい」文学賞

都甲　ピュリツァー賞って、アメリカの文学賞で、多分日本で一番名前が知られているものですよね。でも、どういう賞なのって聞かれると、誰も答えられない（笑）。何となくメジャーだし、翻訳書の帯に「ピュリツァー賞受賞」とかデカデカと入ってたりしますけどね。

藤井　あえて「ピュリツァー賞受賞作を読むぞ」なんてふうに読書することってないですよね。

谷崎　何となく、長くて歴史について書かれている本が獲る賞、というイメージです。

都甲　そもそも、ピュリツァー賞はジョセフ・ピュリツァーというジャーナリストで新聞社をやっていた人が作った賞なんです。部門がいくつかあって、文学だけじゃなくて、音楽とか報道とか、非常に広い範囲の人たちに与えられる賞です。だから色々と選考が面倒らしいんですよ。

　僕が訳した『オスカー・ワオの短く凄まじい人生』（新潮社）はピュリツァー賞を受賞したけれど、作者のジュノ・ディアスはその後、選考委員になったんです。で、ディアスに「実際の選考はどういう感じなんですか」って聞いてみたら「いや、大変なんだよ」と。どう大変なのかというと、選考委員は色々な分野の人が集まっている。つまり、文学に全然理解がない人たちを説得しないと、賞をあげられないんですよ（笑）。だから、文学者が「これはすごい」と思う作品でも、報道畑の人たちが「これはわからないな」って思ったら賞が出せないんだそうです。

谷崎　それはかなり複雑ですね。

都甲　具体的には、藤井さんも『煙の樹』（白水社）を訳しているデニス・ジョンソンです。彼の『トレイン・ドリームス』（未訳）は二〇一二年に候補になったんですけど、結局その年は受賞者なしだった。

藤井　『トレイン・ドリームス』、すごくいい作品ですよね。

都甲　デニス・ジョンソンってすごくいい作家だし、実績もあるのにね。だから「何でジョンソンに賞を出さないんだ」と、個人的にディアスを問い詰めたんです（笑）。そうしたら、「いやいや、ちょっと事情が……」って言ってました。

谷崎　まさか都甲さんがジュノ・ディアスを問い詰めてたなんて（笑）。

都甲　あんまり文学的じゃない、ジャーナリスティックな人たちを説明するとなると、読んで面白いとか、作品が長いとか、歴史的に重要なことが書いてあるとか、そういう作品じゃないといけない。でも、必ずしもベストな作品が獲っているかはわからないけれども、いい作家が受賞していることも事実です。

藤井　受賞作家を見ると、アメリカらしいメンツだなあ、っていうのが率直な感想ですよね。「アメリカ小説はかくあるべし」みたいなものって共通理解としてあるじゃないですか。歴史絵巻みたいに長くないといけないし、個人が社会とぶつかって不和を抱えて生きていくような成長物語ってパターンも多いし。そういうみんなが漠然と認識しているアメリカ小説の典型像っぽいのがズラッと並んでますよね。

都甲　並んでるよね。あと、何となくいい話で終わるのが多い。フランスやイギリスの賞と比べると、あんまりアヴァンギャルドではないかな。

藤井　一見したところだと、意地悪いタイプの小説は獲れないのかな、って思います。谷崎さんは受賞作のジェニファー・イーガン『ならずものがやってくる』（ハヤカワepi文庫）を訳していますが、どうですか？

谷崎　『ならずものがやってくる』は、パワーポイントで小説を書くみたいな実験的な要素もあり、とても楽しく訳したんですけど、確かに物語としては悩みを抱えた個人が社会の色々な問題とぶつかって成長していくような筋立てで、最後もいい話で終わるっているので、ピュリツァー賞型かもしれません。9・11が通底するテーマになってもいる。そう見ると受賞作は、アメリカという国について、どこかで何かを語っている本が多いのかな、と思います。

都甲　アメリカとは何かについて考えるのがアメリカ小説ですかね。
谷崎　そういうところがあるんじゃないかと。

通じ合えない人たち

都甲　では「アメリカ」を意識しながら受賞作を読んでみましょうか。まずはジュンパ・ラヒリ『停電の夜に』（新潮文庫）。これ、日本でもアメリカでもたくさん売れた本です。一つめの短編「停電の夜に」はけっこう嫌な感じの話なんだけど、全体を連作短編集として見ると、かなりヴァラエティに富んでいます。なので、ラヒリって結局何が言いたいんだろうと思いながら読んでいたんですけど、私探り当てました。それは何かというと「恋愛結婚に未来はない」（笑）。
谷崎　結論がすごいところに行きましたね（笑）。
都甲　こんなこと、現代日本やアメリカで言ったら衝撃だよね。「停電の夜に」は、ラヒリが語りたいことの片面だけなんです。どんな話かというと、大学院生でインド史を学んでいる三十代の男性と、校正の仕事をしている女性が知り合って結婚したんですけど、もうほんの数年で倦怠期なんです。奥さんのことを夫は最初、美しいと思っていたのに、もはやすっぴんだともう見れたものじゃない、化粧をしてようやく何とかなるとか、夫がひどいことばっかり言うの。

谷崎　本当にひどいですよね。この短編、大学の授業でテキストにしてるんですが、夫に非難轟々です。

都甲　それで、奥さんが出産直前のときに夫が学会に出るために家を空けたら、その間に流産しちゃって、それから関係がギスギスしていく。恋愛結婚って言い換えれば性的欲望の頂点だと思うんですけど、そうすると、結婚時がピークという『ゼクシィ』みたいな世界になってしまう（笑）。その後は必ずや二人とも容色も衰え、やがて夫婦をつなぎ止めるものはなくなる。そんなときに停電が毎日起きて、暗闇のなかで、夫婦がお互い秘密にしていたことを、一日一つずつ話していくという話です。

一方、「神の恵みの家」や「三度目で最後の大陸」では、お互いどういう人かわからないで結婚するという、インド風のお見合い結婚をした人たちが登場します。つまり結婚時の互いへの期待値がゼロなんです。そこから結婚生活を通して、助け合いながら、徐々に二人の関係が深まっていく。「三度目で最後の大陸」では、全然相手を知らない段階で、唐突に「私は心の中で、いずれこの女が死んだら私はどうかしてしまう、私が死んだらこの女がどうにかなってしまう」って夫が思うわけ。そして百歳を超えた得体の知れない大家さんに「完璧。いい人を見つけたね！」と言われ、それが神の祝福のようになって、夫婦は生涯の幸せを獲得します。つまりは恋愛結婚の悲惨さと、お見合い結婚の素晴らしさを説くことで短編集を構成しているという、なんとも衝撃的な作りなんです。

したがってラヒリは、アメリカの主流文化の内側で考えてないんですよね。でも普通のインド人にも戻れない。アメリカの内側の事を書いていても、常に視点は外側にあるという話なんです。

藤井　今回再読してみたら、記憶よりもずっと冷たい印象でした。突き放し方が半端ないというか。

比べたらちょうどいいかなと思ったのが、同じくピュリツァー賞受賞作のエリザベス・ストラウト『オリーヴ・キタリッジの生活』(ハヤカワepi文庫)。これも連作短編集で、ラヒリと似たような手法で書かれています。舞台はアメリカのニューイングランドにある小さい港町で、そこに住む人たちの人生模様を語っていくもの。読み進めていくと、住人たちの不満とか夫婦のすれ違いとかが、段々浮き彫りになっていくんですよね。港町に、今のアメリカ人の心象風景が凝縮されているわけです。

家族ドラマが『オリーヴ・キタリッジの生活』ではメインになっているんですけど、すれ違い、修復できない関係、浮気など、ラヒリと共通する設定が出てきます。そして、人生はまだ残っているし、いつからでもやり直せるんじゃないか、っていうような、矢印がちょっと上に向く短編が最後に配置されている。そういうところもアメリカ人っぽいですよね。人生いつでもセカンドチャンスがある、っていう雰囲気が。
あとはテロに遭遇して、そこから再生しようとする人も出てきます。そういう部分は、『ならずものがやってくる』とも近いですよね。

谷崎 そうですね。よく『オリーヴ・キタリッジの生活』と『ならずものがやってくる』は構成が似ていると言われます。

藤井 その二作に比べると、『停電の夜に』はもっと冷徹。

谷崎 セカンドチャンスがなさそう。

藤井 他者との距離の問題を強く感じるんですよ。結婚相手でも家にひょっこりやってきた客でも、他者に自分はどれだけ共感できるのか、という問題が、色々な形で出てくる。アメリカ小説の王道だったら、どこかで通じ合う瞬間があるんです。そのささやかな奇跡をどうにかして掴まえようという感覚があるんですけど、ラヒリはその可能性に興味がなさそう。

都甲 そうそう。あと、ラヒリはあんまり話をきれいにしたくないんじゃないかな。唯一そういうシーンがあったと思うのは、「ピルザダさんが食事に来たころ」って短編です。ハロウィンに、主人公が子どもたちだけで夜に出歩くのをピルザダさんが心配するシーンがあるんだけど、そのときに主人公が「心配しないで」って言う。そして「そんなふうにピルザダさんに言ったのは初めてだ。たったこれだけのことを、この何週間か言えなくて、お祈りで念じるしかなかった」って続くんです。これは何かっていうと、ピルザダさんは独立戦争中のバングラデシュに残してきた家族をずっと心配してるんです。だから「家族のことは心配しないで」って主人公は本当は言ってあげたかったのに言えなくて、代わりに「夜出歩く私のことは心配しないで」とは言えた。つまり、言えてるけど全く言えてないんだよね（笑）。ギリギリ心が通じ合うかな、ってところまで行くんだけど、結局通じないままで終わってしまう。やっぱりアメリカの王道とは感覚が違うのかな。

藤井　あと「ビビ・ハルダーの治療」という短編は、語り手が「わたしたち」になってますよね。僕の経験からして「わたしたち」が語り手になる小説にロクな展開はないんです。

谷崎　そうなんですか!?

藤井　古いところでは、フォークナーの「エミリーに薔薇を」（『フォークナー短編集』収録、新潮文庫）。アメリカ南部に住んでいるエミリーっていう女性を「わたしたち」が遠巻きに眺めて、ゴシップしながら過ごすんです。結局「わたしたち」って共同体に、エミリーが入れないまま、一人時代の流れに取り残されて悲劇を迎える展開なんですけど、ずっと「わたしたち」という枠があって、そこから語られる対象が排除されているんです。

あとはジェフリー・ユージェニデスの『ヘビトンボの季節に自殺した五人姉妹』（ハヤカワepi文庫）。これは語り手が「ぼくら」として出てきて五人姉妹について語る訳ですけど、姉妹と語り手が心を通じ合わせる可能性が最初から排除されているんです。

都甲　だって語り手は覗き魔だもんね。

藤井　距離があって初めて成立するというドラマ。あとはハ・ジンの「ニューヨークから来た女」(『COYOTE　No.26』収録、スイッチ・パブリッシング)も「わたしたち」。ニューヨーク帰りの女性に対して「わたしたち」がずっと胡散臭い目を向け続けて、その女性がいなくなったら物事がうまくいき始める。そういう冷たい語りになっているんです。

都甲　ラヒリの「ビビ・ハルダーの治療」は?

藤井　やっぱり語り手が遠巻きに眺めてますよね。ビビ・ハルダーという病気の女性がアパートに居着いているという設定なんですけど、おせっかいや噂話をしながら、ゴシップのネタとしてみんな接している感覚なんです。だから語り手の「わたしたち」とビビ・ハルダーの心が通じ合う可能性が全くないんですが、気がつくとビビが妊娠して出産し、病気も治っている。話としては、病気の人が治って幸せになるということでハッピーエンドなんですけど、そこに「わたしたち」がいる意味ってないんですよ。

都甲　ビビ・ハルダーはイスラム系なんだよね。だからヒンズー教徒である周囲の人々とは宗教も違うし過去もわからない人っていう設定です。これが普通のアメリカのいい話だったら、その境界も乗り越えてしまいそうじゃない。でもこの話は全く乗り越えない。勝手に病気が治るだけ(笑)。

藤井　みんなで協力して助けて「共同体の勝利」みたいに描かれるのが王道なんですよね。

ラリヒの物語はその方向に進まないし、色々なものに背を向けている物語だなあという印象です。

都甲 さっきの恋愛とか夫婦の話も、みんな王道から背を向けているしね。ラヒリは拒絶が際立つ作家なのかもしれない。

谷崎 ジュンパ・ラヒリは『低地』(新潮社)も好きな長編でしたが、近作になるにつれてどんどんシリアスになりつつある気がします。『停電の夜に』には、恋愛結婚の不可能性がテーマになったものと一緒に、インドらしいユーモアが前面に出た短編も入っていましたが、その要素がなくなりつつあるような。『低地』は、「停電の夜に」の男女間の溝を徹底的に見据えて長編にしたような作品です。ラヒリの小説に出てくる人物は基本的にすごく勉強家で、本人も根が真面目だと思うんですけど、その真面目さがアメリカ暮らしのなかで神経質なものになりつつあったのかもしれない。『低地』は死んだ夫の兄弟と結婚する女性の話なんですが、全く妻が歩み寄らないんですね。それでどんどん一人で閉じこもっていくというつらい話。それと比べると『停電の夜に』はまだインド的なごちゃっとした感じが残っていて、それがいい味になっていると思います。

都甲 谷崎さんはインド系の作家を何人か訳されていますが、ラヒリは他のインド系文学と比べるとどうでしょう。

谷崎　キラン・デサイ『喪失の響き』、インドラ・シンハ『アニマルズ・ピープル』（どちらも早川書房）という二冊のインド系の作家を訳しましたが、どちらもインドが舞台です。『喪失の響き』はいわゆるマサラ・ノベルというか、描写も多いし、物も人間もとにかく騒々しく、てんこ盛りの長編です。それに比べてラヒリ作品の静けさは何だろうって不思議に思いますね。

都甲　そうすると、ラヒリはアメリカ文学でもインド文学でもない雰囲気なのね。強いて言えばラヒリ文学かな（笑）。ただ、僕はすごく読んでいて共感できたんですよね。アジア系の人がアメリカに行って感じることをちゃんと掬っているというか。どれだけ暮らしてもアメリカ人のことは百パーセントは理解できないだろうな、という感覚とか、外国で暮らしながら少しずつ自分の価値観がずれていく感じとか。そういうところをラヒリはちゃんと書いている。

谷崎　アメリカの外からアメリカに来ている人が見ているアメリカや、アメリカから故郷を見ているまなざしを描いていますよね。移民文学と一括りにしては乱暴ですが、藤井さんが『かつては岸』（白水社）を訳されたポール・ユーンとも通じるところがあるかもしれません。

ピュリツァー賞最大の異色作

都甲　次はスティーヴン・ミルハウザーの『マーティン・ドレスラーの夢』（白水Uブックス）です。

谷崎　実は、これが初めて読んだピュリツァー賞小説でした。『マーティン・ドレスラーの夢』が「ピュリツァー賞受賞」と紹介されているのを見て、ピュリツァー賞が文学にも与えられることを恥ずかしながら初めて知りました（笑）。ミルハウザーはそれまでに何冊か読んでいたんですけど、ミルハウザーの作風とピュリツァー賞が頭のなかで全然結びつかなくて。戦場写真のようなジャーナリズムに与えられると思っていたのに、「ピュリツァー賞って本当は何なの？」と思ったという点でも、思い出深い作品です。

物語としては、一九世紀末から二十世紀初頭にかけてのニューヨークを舞台に、商店主の息子であったマーティン・ドレスラー少年が、ホテルにベルボーイとして雇われたのをきっかけに、支配人に目をかけられ、とんとん拍子に昇進していくというものです。そんなアメリカン・ドリームだと思って読んでいくと、ミルハウザー的なラストが待っているという、すごく変な小説です。

都甲　本当に変ですよね。どう変なのかっていうのは、大きく分けて二ポイントあります。まず、マーティンがホテルで知り合った未亡人と娘二人というグループ全員と付き合いたいと思うところです。そしてほとんど口をきいたことのない長女のキャロリンと結婚したのに、彼女とは結婚後もほとんど交流をせず、次女のエメリンと一緒にホテル経営を進めるという、謎の恋愛形式です。

もう一つは、マーティンって最後のホテルを建てるまではものすごく有能でしょ。お客さんのニーズを汲み取って、彼らの予想のちょっと先を行くっていうビジネスを常にしているのに、最後のホテル建設を始めた途端、狂王ルートヴィヒみたいになっちゃうところです。なぜか突然狂気に陥って好き放題やりだし、そして自滅するんですよ。この二つは、普通の小説だったら欠陥になるんだろうけれど、この小説では、読者をいろんな読みに誘ってくれるポイントになってるのかな。

マーティンって結局、異性愛でも同性愛でもなく、機械愛、モノ愛の人なんでしょうね。こういう人って実はすごくたくさんいると思うんですよ。なかでもマーティンが好きなのは橋です。彼の橋への気持ちが面白い。「マーティンははっとした。橋を愛する気持ちをハーウィントンに見抜かれたのだろうか？」って、普通そんなの別にいいじゃんって思うでしょ(笑)。

谷崎　橋好きなことは秘めたいんでしょうか。明るみには出したくない、フェティッシュなものみたいですね（笑）。

都甲　女性については、一応表向きは結婚するんだけど、もしエメリンと結婚してたら、と空想したときに極端な嫌悪感に襲われるんですよ。

谷崎　この内的独白はかなりひどいです。

都甲　「正しい方と結婚することを考えると、不快な思いが湧いてきた。太い眉、広い背中、ごつい爪のたくましい両手は彼を嫌悪させた。結局マーティンは、美しい、華奢な方にしか、厄介な歪みのある方、夢に埋もれている方、彼の下でじっと動かず黙って横たわり黙って顔をそむける方にしか欲望を抱けなかったのだ」って、これ究極の女性嫌悪でしょ。

谷崎　生命体なんだから、機械みたいにきれいじゃないのは当たり前なのに。

都甲　なんで華奢な姉のほうが好きかというと、心の交流がなければないほど、自分の妄想のなかで相手も人形みたいに扱えるからです。こういうふうに読むと、マーティンは恋愛がわかってない、って切り捨てちゃう人も多いかもしれないけど、そうじゃなくて、生身の女性を拒否しながら二次元や機械への美を追究する人の話として読むといい。「アウグスト・エッシェンブルグ」（『イン・ザ・ペニー・アーケード』収録、白水Ｕブックス）もそうでしょ。機械で作った少女に恋をするんだから。そういうものが好きな男性の心はこう動いている、っていうのをミルハウザーが正確に捉えているからこその描写と設定です。自分に好意を持っている女性を群れで捉えているところなんて本当にすごい（笑）。

谷崎　コレクション愛ですね。全員人形で入れ替え可能（笑）。女性に対したときの独特のどうにもならなさは、夏目漱石にも通じるものがあります。『こころ』（新潮文庫）なんかの女性描写のように、一種暴力的なまでに冷たいです。

都甲　もちろん初めに読んだときはミルハウザーの圧倒的な幻想力、描写力に魅せられていたけれど、長年読んでると、そういうところが見えてきますよね。

藤井　今回、かなり久しぶりのミルハウザー読書でしたけど、やっぱり最初はディテールに目が行きましたね。街角や煙草屋、ホテルの内装など、ここまでこだわるのかという細かい描写がたくさんあります。写真的記憶というか。それは物語上全然必要じゃないんですけどね。マーティンがそれを見て心に焼きつける、というような描写がとても多くて、カメラみたいなやつだなと思って読んでいました。段々それがアメリカっぽい成功話に、一応進んでいく。

ただ、途中からアメリカを描くというよりは、人間の夢や想像力の限界はどこにあるのか、という話になっていきます。そういうものって一線を越えたら崩壊するよね、というところに行き着く。これはミルハウザーの一生のテーマですよね。

谷崎　そういう意味ではミルハウザー的な小説だけれども、ピュリツァー賞的かと言われると……。

藤井　仕掛けとしては、一九世紀末からの拡張するアメリカ社会の物語と、マーティンの成長がパラレルになっているんです。だから、きっとピュリツァー賞の選考委員はそこで何か勘違いして賞をあげたんじゃないでしょうか。

都甲　絶対勘違いしてるよね（笑）。

谷崎　文学系の選考委員が「歴史小説です」って他の委員をだましたのかも（笑）。前半だけ読んで、最後まで読んでないのかもしれない。

都甲　一九世紀のアメリカの都市化を生き生きと捉えた見事な作品、って選考委員は考えちゃったのかな。確かに最後まで読まなければそうだけど。

藤井　ニューヨークはまだ開発前で、ここは荒野だ、っていう表現が何度か出てきて、パイオニア的なイメージを呼び起こすところがありますしね。

都甲　ヘンリー・ジェイムズの作品を読んでても、マンハッタンの北のほうを散歩すると荒野が出てきて、昔は今みたいな感じとは違ったんだなってわかりますよね。

あと、この作品をミルハウザーはどうして長編にしたんでしょう。だって、主人公はホテルを盛り上げるっていうのを三回やるんだけど、手順がほぼ同じなんですよ（笑）。どうして「アウグスト・エッシェンブルグ」くらいの短さにしなかったんでしょうね。あと、マーティンが急に有能なビジネスマンじゃなくなるところはやっぱり気になる。

谷崎　確かにそれは感じました。一つ一つの章が短編なんですよね。きっちり落ちもついていて、短編の寄せ集めみたいなところがあるんですよ。ちゃんとそれぞれにタイトルもついているし。

都甲　『キャッチャー・イン・ザ・ライ』（白水Uブックス）もそういうところがありますよね。十ページくらいの短編がたくさん集まって長編になっている魅力です。じゃあ、それはそれでありなのか。

藤井　あとは、意味の分からない脱線がたくさん入っている魅力ですね。たとえばアリスっていう女の子とマーティンのエピソード。二人の距離がどうなるのかな、っていうところまで行くんだけれど、回収はされない。

谷崎　後半でマーティンが少し回想する場面はありますが、再登場はしませんね。

都甲　謎のモテエピソードです（笑）。ああいう鮮烈な場面が読者の心に浮かんでくるのはいいですね。

藤井　もう一つ印象的だったのは、キャロリンが何もしていないのにやたら疲れていること。

谷崎　やたら疲れています。寝れば寝るほど疲れるということは、私もなくはないですが……。

都甲　うつ病の人とかでああいうタイプ、いますよね。

藤井　マーティンはアメリカの熱気をそのまま受け取って、極限まで自分のエネルギーにしていくところがあります。キャロリンはその究極のアンチ。疲れているからほっといてほしいという。そういう正反対の視点が入ってくるっていうのは、長編だからこそできることだと思います。

都甲　そのアイディアはすごくよくて、マーティンとキャロリンって、本人たちが思っているよりもずっと強く結びついていて、キャロリンが極限に受動的だからこそマーティンが極限に能動的になれる。そうやって二人合わせてバランスが取れていたのに、その関係が崩壊すると、マーティンの動きも止まってしまう。論理的には不思議だけど、神話的には正しいよね。

谷崎　つまりテクスト理論的には正しい。

都甲　それで誰も動かなくなって、話も終わるんです。やっぱり楽しい作家だな。

谷崎　久しぶりにミルハウザーを読むと、一行にいろんなことが凝縮されているから、状況を思い浮かべるのが初めは大変ですよね。でも慣れてくるとそれがくせになる。読むほうの幻想力が試される作家ですね。

黒人の奴隷主がいる世界で

都甲　続いてエドワード・P・ジョーンズの『地図になかった世界』（白水社）です。

藤井　この作品、けっこう好きなんです。ただし手強い小説なので、時間と心に余裕があるときに読んでいただきたいです（笑）。この人のデビュー作は『街で見失って』（未訳）という短編集なんですけど、僕はそれを先に読んでいました。ワシントンにある黒人コミュニティでの人間模様を描いていて、何か事件が起こったりして話が前に進むタイプの小説ではありませんが、味わいがあっていい感じです。

そのなかに「初めての日」っていう五ページくらいの短編があって、これは小学校に生徒として登録をするために、女の子がお母さんと出かける話。お母さんが違う校区に連れて行ってしまって、別のところですよって言われるだけの話なんですけど、さりげなく生活ぶりとか、娘に対する母親の愛情とかが凝縮されていて好きなんです。

その次に読んだのが、この『地図になかった世界』でした。設定が変わっているんですよね。一九世紀半ばで、南部の奴隷農場が舞台というのはある意味定番なんですけど、農場主も黒人なんです。まさかそうきたか、という。内容はある種の群像劇で、人がたくさん出てくるので冒頭の登場人物紹介が欠かせませんが、一人一人のエピソードを、時間をかけてじっくり味わうと、ものすごく実りのある読書ができるというタイプの本です。

物語としては、さしたる事は起こらないんです。農場主が死んでしまって、残された人たちが途方に暮れてしばらく過ごすという話なんですが、そのきわめて短い時間を軸に、前後のエピソード、たとえば数十年後の南北戦争後の話や、農場に至るまでの各自の過去が細かく書き込まれていきます。そこに、登場してくるキャラクターには作者が絶対責任を持つんだ、という強い決意を感じるんです。誰一人として適当に扱わず、都合よく登場させて都合よく消したりはしない。そこがいいんです。

都甲　投入されているエネルギーの量が半端ないですよね。

谷崎　ある意味ミルハウザーとは正反対です（笑）。

藤井　あと、ピュリツァー賞獲ってなかったら、こういうのって日本語訳にならないんです。アフリカ系アメリカ人の作家って、トニ・モリスン以外は最近ほとんど日本で出版されないんですよね。

都甲　六〇年代は『黒人文学全集』（早川書房）なんかも出ていたし、ボールドウィンなども流行っていたんだけど、九〇年代以降、気づいたら白人作家中心の紹介に変わっていましたよね。黒人以外のエスニック・マイノリティの作品はいくつか紹介されているけど。でもトニ・モリスンなど、アメリカでは黒人作家の作品は重要であり続けているわけだから、もっと色々と翻訳が出てほしい。

藤井　そういうこともあって、今回持ってきました。『地図になかった世界』の記述は、ものすごくリアルに描かれていて驚くんですけど、ほぼ創作なんです。

谷崎　あとがきにそう書いてあって驚きました。でも読み終わると、なるほどそうかと感じます。

藤井　一八××年の国勢調査によると、とか書いてあるんですけど、それらはどうも全て作者が作り上げた創作らしいです。

都甲　現代の研究者はこう言っているけれど、とか、いかにもありそうな情報がどんどん出てくるんだよね。

藤井　事実を盛り込もうと思えばいくらでもできたんでしょうけれど、あえてフィクションで勝負しようとしているんです。そういうところも、ジョーンズの強い姿勢の表れですよね。

あと、これもすごくアメリカっぽいテーマだと思うんですけど「ホーム」って何だ、という問題。それは全編に渡って漂っていると思います。奴隷である時点で、既にホームは奪われているじゃないですか。それは、黒人が所有する黒人奴隷というレアなケースでも変わらないわけです。自分たちが暮らしているところが本当にホームかと言われると違う。でも、農場主が死んでどこかに売られるんじゃないかとなると、自分たちが住む場所はやっぱりここだとか、よそで生きていく事への不安が出てくる。この人たちにとってのホームは何なんだろう、というのが強く心に残る小説です。

家族が無理矢理引き離されるというシーンも何度も出てきます。それとセットで出てくるのが、法律に照らし合わせれば合法である、ということ。つまり、黒人を所有している側が、法に逆らうことはしていないと主張するんです。黒人農場主のヘンリーもそうやって親を説得しようとするんですけど、それによって亀裂が走り、ヘンリーの家族も心が離れてしまう。アメリカ人って、やっぱり家族を神聖視してるんです。そんな家族を法がばらばらにするのはどういうことだ、という厳しい問いかけもありますね。

そういうことを噛みしめながら読み進めていくと、たまにふっとロマンティックな描写に出会う。それがいいんです。

都甲 そうそう。僕が好きなのは、イライアスがいつ脱走してやろうかと企んでいたのに、次第に奴隷仲間のセレストに惹かれていくシーン。それで無骨な櫛を作って彼女にプレゼントしたときに言うんですよ。「あんたの頭の髪の毛一本一本に櫛をひとつずつ作ってやるよ」って。ホームになりえない環境にいるんだけど、それでもここから自力でホームを作っていく、というか、自分の意思でホームを選び取る感じがいいですよね。この瞬間から、ヴァージニア州に広がるフリーマン家の家系が始まった、みたいに広がっていくのもすごい。

藤井 すごくいいと思ったのは、ヘンリーが死んでしまったあと、奥さんのカルドニアと奴隷監督のモーゼスの距離が近くなってきて、奥さんの手に口づけするシーン。「だが、それでも彼の世界は終わらなかった。彼女は彼の顔に手を押し当て、彼が自分を見上げると屈み込んで口づけをした。だが、それでも世界が終わらなかった」っていうところは鮮烈に覚えています。このシーンは、農場主が死んでしまって未来が不透明な状況で、今までの自分の持ち場からそれぞれが外れていく瞬間なんです。その瞬間、自分の世界は終わってしまうのではないかという不安を、二人が抱えていたことがわかる。あと、いくつか非現実的なシーンもあるんですけれど、それもただやりたいからやったというより、切実な思いから生まれたもので、胸に迫ってきます。

谷崎 よく読むと不思議な文章です。凝った比喩も使っていないのに、なぜ読むのに時間がかかるのか考えたんですけど、一段落の短いなかでも、ある人の視点を追っていたかと思うと、何の前触れもなしに別の人物の内面に切り替わっていたりするのが一因かと。

都甲 時間も急に交錯するしね。そのたびに読者は焦点を合わせ直す必要がある。

谷崎 全体的に、ずっと焦点が合ったり合わなかったりということが繰り返される。近いような、遠いような。映画にたとえると、人物の出入りを淡々と撮っていたかと思えば、ふいに一人の人物のとあるシーンをすごく克明な長まわしで映し始めたりする。私が好きなのは、ダメ人間だったスタンフォードが啓示を受ける場面です。ここの雷の描写はすごい。墜落するカラスの様子とか。その直後に「小屋が飛んできた」と書かれていますが、要するにこれはスタンフォードが小屋に近づいていったってことですよね。一見リアリズムのようでいて、人物の心象風景をとても大切にしている。これは確かに存在する世界なのだけど、何よりもまず作者の心のなかに存在したのだ、というか。ほぼ創作ということが出ましたが、それにもつながっていると感じます。

都甲　さっき藤井さんが合法かどうかという話をしていたけれど、黒人奴隷だったヘンリーは白人のロビンスに息子のように育てられているから、彼の頭のなかというか、価値観が白人なんですよね。だから実の父親と、奴隷を所有することの意味についてわかり合えない。理屈ではなく信念同士がぶつかりあってしまっているから、話し合いでも殴り合いでも解決できないんです。法の支配が正しいとしても、法自体が不道徳だったらどうするのか、という問いかけから、作品全体にどんどん暴力が拡がっていく。

あと、キリスト教的な話があるじゃないですか。でもそれは全て、敬虔であることと奴隷主に従うことがイコールになっている。つまり、天国に行くには、奴隷主に逆らうことなく一生従順な奴隷でいることが必要だと奴隷たちは教えられているんです。つまりは宗教までも、解放の思想ではなく支配の道具にされてしまっている。そういう、前提がすでに不道徳である世界の話です。

藤井　何度か奴隷に保険をかけるシーンがあるじゃないですか。それもショックですよね。つまり奴隷ってコストなんだってことが書かれているから。人間をコスト管理するなんて全然馴染めないいんですけど、理解するには馴染まないといけない。だから時間をかけて読まないといけない本なんです。

都甲　ジョーンズはこの作品で鋭い問いを提示していますよね。たとえばリチャード・ライトだったら、黒人に生まれたからこんな目に遭うんだ、白人は暴力的だ、みたいなので済むんだけど『地図になかった世界』は奴隷主まで黒人だから、奴隷制が存在する社会では、遺伝とは関係なくどんな人も主人や奴隷に入れ替え可能で、そこに引きずり込まれると読者すらその世界に生き、奴隷制に荷担することになっちゃう。

象徴的なのがファーンですよね。見た目はほぼ白人なのに黒人なんです。親戚はみんな北部で白人として生きているのに、自分は白人が嫌いだから南部で、黒人の子どもを教育することに人生を捧げている。

谷崎 自由黒人のオーガスタスが奴隷と偽られて売られてしまうエピソードも出てきます。一種の思考実験で、別世界の倫理観を頭にインストールしたうえで物語を味わわなければならない。手間のかかる小説ですが、時間をかければかけただけ読み応えの得られる作品でもありますね。

アメリカらしさはどこにある

都甲 さて、ここまで「アメリカ」という大きなテーマを考えつつピュリツァー賞の作品を読んできましたが……。

藤井 他者との関係とか距離ってどこまで埋められるんだろうみたいなものが、話の中心テーマだったかなという気がします。

都甲 理解し合えない者同士が一緒にいて、愛し合おうとしたりビジネスしようとしたりするんだけど、まあ摩擦が強くて大変だ、って話ばかりですよね。

谷崎 大変ですよね、本当に。けれどその大変さを描いてこそ、小説だなあとあらためて思いました。

藤井 自分の気持ちや感情や欲望に忠実であればあるほど、本来の自分に近づくことができて、他人ともわかりあえるという感覚って、アメリカ社会にはあるじゃないですか。それはディズニー映画によって刷り込まれた感覚なのかもしれないですけど。そういうのとはきっぱり一線を引いたところで書かれた作品でしたね。

［三人が選ぶ、今後受賞してほしい人］

都甲 アレクサンダル・ヘモン

藤井 ダニエル・アラルコン

谷崎 カレン・ラッセル

文学賞に縁のない作家たち

藤井 光

個人的にお気に入りだった作家が、栄誉ある文学賞を受賞したというニュースが飛び込んでくる。それは、早くから目をつけていた自分は正しかったのだ、という正義の瞬間であると同時に、ついに「自分だけの」作家ではなくなってしまったか……という惜別の瞬間でもある。読み手の勝手な思い入れと言われればそれまでだが、読書という行為が基本的には一対一の個人的な営みであるため、そうした私的な思い入れはどうしても発生してしまう。

もっとも、賞に対して複雑な感情を抱いているのは読者のほうだけではない。選考の対象となる作家たちにしても、文学賞というイベントには気後れしがちな人は少なくない。たとえば、ノミネート作品が事前に発表されるケースの場合、作家仲間たちと競い合うことになるというのはデリケートな問題である。果たして受賞作と最終候補作の間に優劣があるのか？　他人と競い合うことを嫌う作家や、才能や芸術に優劣をつけられないと信じている作家も多いため、「コンペ」という側面に拒否反応を示してきた作家は少なくない。実際にノミネートを外すように依頼した、**ジョン・ル・カレ**のような例もある。

一九九七年の全米図書賞は、「コンペ」の是非という意味では象徴的な場面だった。受賞したのは、**チャールズ・フレイジャー**のデビュー作『コールドマウンテン』(新潮文庫、全二巻。後に映画化もされた)。アメリカの南北戦争を舞台とする格調高い旅物語であり、受賞には文句など出ないはず……だったが、実際には文句が出た。なにしろ最終候補作には**ドン・デリーロ**の大作『アンダーワールド』(新潮社、全二巻)が挙がっていたうえに、同じ年に出た**トマス・ピンチョン**のこれまた大作『メイスン&ディクスン』(新潮社、全二巻)は候補からも漏れていたのだ。会場にはそうしたことを不満とする空気が渦巻いていたらしい。当の作家たち本人からすれば、自分が納得のいく小説を書いただけなのに受賞レースに巻き込まれたわけで、はた迷惑な話である。フレイジャーの受賞スピーチが恐ろしく簡潔だったのはそのせいだろうか……。

人前に出てスピーチをする、という授賞式の社交的な空気がそもそも肌に合わないという作家は珍しくない。二〇〇七年、長らくカルト作家だった**デニス・ジョンソン**が『煙の樹』(白水社)で全米図書賞を受賞したとき、本人は「イラクでの取材」を口実に授賞式を欠席し、夫人のシンディー・ジョンソンがスピーチを代読した。それから遡ること三十年ほど、一九七四年に**トマス・ピンチョン**が『重力の虹』(新潮社、全二巻)で全米図書賞を受賞したとき、人前に一切出ないことを貫くピンチョン本人は姿を見せず、代理にコメディアンのアーウィン・コーリーを派遣するという大胆な手を打った(全米図書賞は何かと作家たちを巡るドラマの舞台になるようだ）。文学賞に「縁がないほうがいい」と思う作家もそれなりに存在するのである。

そろそろ、本来の意味での「縁のない作家」に入ることにしたい。作家としての素晴らしさを誰からも認められていながら、なぜか賞には恵まれない、そんな作家たちを探してみると、意外な名前に行き当たる。

たとえば、**ジョイス・キャロル・オーツ**。一九六〇年代から現在に至るまで、発表した長編小説は軽く四十冊を超え、かつ同じくらいの数の短編集も発表し、偽名でも小説を書き……と、とてつもない創作意欲を誇り、毎年ノーベル文学賞候補に名前が挙がる、真の「ビッグネーム」であるオーツだが、主要な文学賞に選ばれた小説となると（一九九六年にホラー系のブラム・ストーカー賞を得た『生ける屍』（扶桑社）を除けば）、四十年以上前の一九六九年、『かれら』（角川書店、全二巻）が全米図書賞を得たときまで遡らねばならない。一方で、ピュリツァー賞の最終候補作には五回選ばれ、いずれも受賞は逃している。アメリカ社会に潜む暴力性を描き続け、現代を代表する作家として多数の功労賞を授与されているオーツだが、その代表作は何か、と問われれば、読者の意見はバラバラになりそうである。

ポール・オースターも、その人気とは裏腹に、母国アメリカではあまり賞に恵まれていない作家である（フランスでは受賞歴あり）。簡素で美しい文体と実験性も兼ね備え、人と他者との関わりを描くオースターの重要性は誰もが認めるところであり、その功績を讃えて功労賞もあちこちから授与されているが、小説がアメリカで文学賞を獲得したことはこれまでない。

そうなると、**スティーヴ・エリクソン**の名前を挙げておかねばならない。日本では不動の地位を築いたエリクソンではあるが、アメリカでは未だにＳＦ風味を得意とするマイナー作家という位置付けから脱することができず、無冠の帝王状態が続いている。「アメリカとは何か」を堂々と問う小説家の扱いとしては不当ではないかという声は常にあるが、エリクソンが主要な文学賞の檜舞台に上がる日は未だに訪れていない。

ここで問題になるのは「主要な」という形容詞である。英語圏だけをとっても、実にさまざまな文学賞があり、それぞれがニッチを埋めるようにして、注目すべき作家をカバーしている。その結果、作家に受賞歴があっても、それが具体的にはどんな文学賞なのかはよくわからない、という現象がたびたび発生する。たとえば、ペルーとアメリカを往復するようにして社会派の人間ドラマを構築する、**ダニエル・アラルコン**の『ロスト・シティ・レディオ』（新潮社）が選ばれたPen USA賞とは何か？　飛翔する想像力の強度を常に感じさせてくれる奇想作家**カレン・ラッセル**が『聖ルーシー寮の狼少女たち』（河出書房新社）で受賞したBard Fiction賞とは？　さらにマイナーなところでは、現代におけるポーの後継者と言われる**ブライアン・エヴンソン**が『ラスト・デイズ』（未訳）で授与された ALA/RUSA 賞とは……？ そうした「実は受賞していました」という作家たちは、世の中に存在する文学賞の多様性を教えてくれる。

しかしながら、短編を中心に活動する作家たちにとっては、もう一回り厳しい状況がある。文学賞の世界においては、長編小説が主役だからである。今でも、短編小説はあくまで長編のための一つのステップ、あるいは「習作」とみなされがちで、アメリカでの作家のキャリアは以下のような道をたどることが多い。

①大学院創作科に入学
②在学中に短編が文芸誌に掲載
③二十代か三十代前半で短編集を出版
④その二〜三年後に長編を出版
⑤その後は数年に一冊長編を出版していき、ときおり短編を発表

作家の本分といえば長編を書くことだという風潮は、こうして再生産されていく。短編集がピュリツァー賞を得たとなると、二一世紀では二〇〇九年のエリザベス・ストラウト『オリーヴ・キタリッジの生活』（ハヤカワ epi 文庫）や、二〇〇〇年のジュンパ・ラヒ

リ『停電の夜に』（新潮文庫）くらいであり、他は全て長編小説が受賞している。

そんな傾向もあってか、たとえば**スティーヴン・ミルハウザー**の場合、短編作家としてセス・フリードら多くの若手作家から尊敬される存在でありながら、初受賞はデビューしてから何と二五年後、一九九七年に『マーティン・ドレスラーの夢』（白水Uブックス）がピュリツァー賞に選ばれたときまで待たねばならなかった。ミルハウザーほどの短編の名手ですら、長らく「文学賞に縁のない」作家であり、初めて文学賞を得たのは長編小説によるものだったのだ。

短編小説の場合には、『ベスト・アメリカン・ショート・ストーリーズ』と『オー・ヘンリー賞』というアンソロジーが毎年出版され、そこに選ばれることが一つの栄誉となっている。ただし、それぞれ一五〜二十作品ほどが選ばれるため、「文学賞」とはまた異なる性質のものである。短編のための賞となると数は少なくなってしまうが、フランク・オコナー国際短編賞か、ストーリー賞が、目下のところは国際的に注目される賞である。前者は二〇一五年を最後に消滅してしまったが、二〇〇五年のイーユン・リーを皮切りに、村上春樹やミランダ・ジュライ、ネイサン・イングランダーといった作家たちがその栄誉を受けた。後者はまだ存続しており、ジョージ・ソーンダーズやアンソニー・ドーア、そして二〇一一年に（ついに！）ミルハウザーが受賞している。

つまるところ、この分野で「賞に縁がない」作家を挙げればきりがないのだが、注目すべき作家をピックアップするならば、**ポール・ユーン**と**ローラ・ヴァンデンバーグ**の夫妻だろう。両者ともに先に述べたアンソロジーを二つとも「制覇」したというなかよし夫婦である（ちなみに、長編も含めた創作のペースも大体同じである）。ユーンは静謐な風景のなかに人の感情を描きこみ、ヴァンデンバーグは荒涼とした心象風景を好んで描くという違いはあれど、ほぼ同じキャリアを積んできたこの二人、いつの日かストーリー賞を分かち合うことになるかもしれない。

最後に、「やたらと文学賞に縁のある」作家も紹介しておきたい。**アダム・ジョンソン**はまだ四十代の作家であり、これまでに出版されたのは長編小説が二冊、短編集が二冊にすぎない。しかし、長編小説二作目の『半島の密使』（新潮文庫、全二巻）で、二〇一三年にピュリツアー賞を受賞し、二〇一五年に発表した短編集『運勢の微笑み』（未訳）は、全米図書賞とストーリー賞をダブル受賞してみせた。受賞は運が左右するとは言われるが、ジョンソンの快進撃はどこまで続くのだろうか？

Chapter Seven

「カフカ賞」

チェコの地元賞から世界の賞へ

Speakers in This Chapter

話し手＝
都甲幸治
阿部賢一
石井千湖

Data

正式名称：フランツ・カフカ賞
主催：フランツ・カフカ協会（チェコ）
開始年：2001年（1年に1回）
賞金：10,000米ドル

限りなくローカルな文学賞？

都甲　「世の中にはノーベル文学賞の一歩手前の賞があるらしい」なんて噂、聞いたことありませんか。よくそうやって名前が挙げられる文学賞に、エルサレム賞やセルバンテス賞と並んで、チェコのフランツ・カフカ賞があります。
　そんな話が日本のメディアで囁かれるようになったのは、二〇〇六年に村上春樹がカフカ賞を受賞してからでした。彼がノーベル文学賞候補だと言われ始めたのは、これが大きく関係しているんです。でも、カフカ賞ってどんな賞なのか、おそらく阿部さん以外ほとんど知らないですよね（笑）。これはいったいどういう賞なんですか。

阿部　そもそも何でノーベル文学賞に関連づけられて語られるようになったかというと、二〇〇四年にエルフリーデ・イェリネクがカフカ賞とノーベル文学賞を獲り、二〇〇五年にハロルド・ピンターもカフカ賞とノーベル文学賞と、二年連続で同じ人が二つの賞を獲ったからなんです。次の年、村上春樹はカフカ賞を獲ったけれど、ノーベル文学賞は獲れなかった（笑）。
　この賞はとても新しくて、創設が二〇〇一年でフランツ・カフカ協会というところが主催しています。カフカはドイツ語作家ですが、領土的には今日のチェコ生まれです。第二次世界大戦後にドイツ系住民の強制移住があり、ドイツ語作家自体が実質的にいなくなり、社会主義の時代にはカフカは退廃的な作家と見なされて、チェコ国内ではあまり読まれていなかったんです。民主化以降、カフカを再評価し、プラハのドイツ語文学を復興させようという主旨で設立されたのが、フランツ・カフカ協会なんです。特に、ユダヤ系の人が中心になっている組織です。

石井　だから歴代の受賞者にユダヤ系が多いのか。

阿部　基本的には「現代の世界文学の偉大な作家の一人であるフランツ・カフカの作品同様、出自、民族、文化に関係なく、読者に訴える、芸術的に傑出した現代作家の文学作品」が賞の対象なんですけど、初期の頃はユダヤ系の作家が非常に高い確率で選ばれている。次いで、チェコ系の人。実はイェリネクもチェコ系の出自を持っている人なんです。ですから、非常にチェコ／ユダヤ・コネクションな賞（笑）。

都甲　実はかなりローカルな賞なんですね。

阿部　正直、初めのうちは、チェコにゆかりのある作家を顕彰する文学賞くらいに思ってました。あと、何で村上春樹が獲ったかというと、この賞にはもう一つルールがあって、少なくとも著書が一点以上チェコ語で刊行されていなければならない決まりになっています。実は、村上春樹がカフカ賞を受賞した二〇〇六年というのは『海辺のカフカ』（新潮文庫、全二巻）のチェコ語訳が出た年。

都甲　まんまじゃないですか（笑）。

石井　以前プラハに行ったときも、書店には『海辺のカフカ』が山積みされていました。やっぱり地元愛なんでしょうかね。

阿部　二〇一一年にジョン・バンヴィルが取っていますね。中東欧と関係ないアイルランドの作家がなぜ、と思うんですけど、彼も『プラハ　都市の肖像』（ＤＨＣ）という本を書いています。そうすると、明らかに文脈が異なる人って、二〇一三年まではイヴ・ボヌフォワしかいなかったんです。

石井　本当に地元密着の賞。関西にかかわりのある作品を授賞対象にしていた織田作之助賞みたいな感じですね。

阿部　地元文化に根付いた人を顕彰する意味合いが強かったので、広義での中東欧の文学者を評価してきた賞なんです。ただ、二〇一四年の受賞者が中国の閻連科、翌年はスペインのエドゥアルド・メンドサと、近年明らかに傾向が変わってきました。だから、これから誰が獲るのか、予想が難しいんです。

都甲　そうすると、ノーベル文学賞の一歩前の賞、っていう説は崩れそうですね（笑）。もっともノーベル文学賞自体も、日本ではかなり誤解されている気がするけれど。

阿部　ただ、選考委員はチェコ、フランスなど、ヨーロッパ系の文学者ばかりなんですね。

なので、ノーベル文学賞の選考委員と思考回路は近い。ヨーロッパ的な世界観に呼応している人たちを選ぶという点では、似ているのかもしれませんね。評価基準に人道主義的性格について言及されているところも特に。

補足しておくと、クリーマ、ルスティク、ハヴェル、ホドロヴァーの四人がチェコ人で受賞しているんですけど、残念なことに、邦訳はあまりないか、あっても入手困難なものが多いです。クリーマとルスティクはユダヤ系の作家でホロコーストを生涯題材にしています。そういう意味では、オーソドックスなホロコースト文学の継承者。ハヴェルは不条理演劇を手がけた戯曲家で、民主化後に大統領にもなったことでも知られています。ホドロヴァーは幻想的かつ技巧的な作品を次々に書いている小説家です。

アメリカまで広がる中東欧文学

都甲 そんなチェコ専門家の阿部さんが推薦する本が、なんとチェコ人ではなくて、ユダヤ系アメリカ人のフィリップ・ロス『プロット・アゲインスト・アメリカ』（集英社）です。

阿部 チェコの宣伝をしなきゃいけないのにね（笑）。

都甲 でも、すごくいい本ですよね、これ。外国文学の翻訳書としては完璧でしょ。

石井　どういう意味でですか？

都甲　歴史的なこともわかるし、エンタメとしても面白いし、大胆に想像力を駆使しているにもにもかかわらずちゃんと成立している。フィリップ・ロスにはとっくにノーベル文学賞をあげておくべきでしたよね。

阿部　一九四〇年、つまり第二次世界大戦が始まった頃のアメリカ合衆国が舞台の話。当時、アメリカでは、民主党候補のローズヴェルトと、共和党候補のリンドバーグが大統領を争っていた、という設定です。リンドバーグは大西洋を横断した実在の飛行士で、彼を議員にしようという動きは実際にあったそうです。そしてここからはフィクションですが、当時の英雄リンドバーグが大統領候補になって、あれよあれよという間に大統領になる。リンドバーグは極めてカリスマがある人物なんですが、時折反ユダヤ的な言葉を述べていく。そういった不穏な雰囲気が漂う中、主人公のフィリップ・ロス少年などユダヤ系の人々が、自分たちの将来を案じ、不安を抱えながら生きていく様子を、子どもの目線から描いていく作品です。史実をもとにしつつ、歴史に手を加えて「もしリンドバーグが大統領になったら、アメリカはどうなっていたのか」というお話にしています。

都甲　歴史改変ものっていうと、なかばＳＦでしょ。たとえばスティーヴ・エリクソンの『黒い時計の旅』（白水Ｕブックス）だったら、ヒトラーは死んでおらず、ドイツも負けていない、という世界を創造していく。

一方『プロット・アゲインスト・アメリカ』は、実際に主人公が体験する恐怖感がものすごくリアルで、いかにもこういうことがありそうなので、SFって感じが全然しない。同じユダヤ系作家のマイケル・シェイボンが書いた『ユダヤ警官同盟』（新潮文庫）は、イスラエルの代わりにアラスカがユダヤの国になるって話なんですけど、どうしてそういう作品を書いたんですかってインタビューで聞かれたときにシェイボンは「いつアメリカで反ユダヤ主義が起こるかわからない、というのはユダヤ人はみんな感じていて、だからこれはリアルな想像なんだ」と言っていたのを思い出しました。あるいはネイサン・イングランダー『アンネ・フランクについて語るときに僕たちの語ること』（新潮社）は、夫婦でアメリカにおけるホロコーストを想像してみるゲームをする話です。そういうものと合わせてロスの作品を読むと、現代アメリカのユダヤ系作家って、未だにホロコーストは起こりえるって感じてるんだなって思いますね。なかでも『プロット・アゲインスト・アメリカ』は恐怖を描く力が突出しています。異教徒のなかで暮らす感覚がすごくリアルです。

阿部　ユダヤ系の人々の想像力は、この作品の魅力であり、通奏底音になっていますよね。あと、僕がこの本を選んだもう一つの理由ですが、これも中東欧文学なんじゃないかっていう問いかけですね。バーナード・マラマッドやフィリップ・ロスといった作家たちはいずれも中東欧からの移民、あるいはその子どもの世代。彼らの描く作品世界、つまり、アメリカのユダヤ系の人々が感じている恐怖や疎外感というものは、中東欧のユダヤ人と共鳴しているものが多くあるんです。言語といった枠組みを外して、「ユダヤの疎外感」というテーマでみると、大きく反応するところがありますよね。

都甲　僕は『プロット・アゲインスト・アメリカ』を読んでいて、アレクサンダル・ヘモンの『ラザルス・プロジェクト』（未訳）を思い出しました。この本は、アメリカで迫害されて死んだユダヤ系の男の人生や先祖をたどって、東欧からロシアまでをボスニア系の青年が旅していくという話なんですけど、このなかでも、ユダヤ人はキリスト教徒の子の血を飲む、みたいな言いがかりを彼らがつけられるシーンがありました。アメリカ文学についてちゃんと語ろうとしたら、ユダヤや東欧文学についても語らなくちゃいけないんですね。

阿部　実際、ロスは七〇年代にしょっちゅうプラハに来ていたそうです。毎年のように来ていたら、当局に目をつけられて、ビザ発給停止になったくらい。先ほど名前が挙がったクリーマやルスティクといったチェコの作家とも親交がありましたし、ロスの作品にはけっこうプラハの話が出てくるんです。『欲望学教授』（集英社）の主人公は、比較文学のアメリカ人教授が主人公ですけど、この人はプラハでカフカ研究をしながら、放蕩の限りを尽くす（笑）。

あと、カフカには『変身』（新潮文庫）という虫になった男の話がありますが、ロスは『乳房になった男』（集英社）という、その名の通り、乳房に変わる男の話を書いています。作風は違うんですけど、プラハと昔から関わりがあるわけです。ペンギンブックスの東欧文学シリーズの編者にもなっています。社会主義の時代から、東欧文学を英語圏で宣伝する役割を果たしていた。

そう考えると、アメリカ文学であると同時に、東欧文学の顔も持っている人なんです。作品の世界は明らかにユダヤ系文学の延長線上ですし。東欧の文学も歴史が題材となることが多いです。『プロット・アゲインスト・アメリカ』も、作中で三年くらいの時が流れるのですが、重たい歴史が凝縮されている感覚はすごいです。

石井 読んでいるとものすごく長い気がするんだけれど、三年と短いんですよね。すごく濃密。とても短い間に、こんなに状況が変わるなんて、と怖くなります。

都甲 政治的な状況が変化する瞬間って、こんな感じなんでしょうね。「これくらいひどくなったら逃げよう」みたいに思っていると、気づけばもう逃げられない状態になってしまっている。『プロット・アゲインスト・アメリカ』でも、「もうちょっとまずくなったらカナダに逃げよう」って主人公の家族が考えているうちに、カナダとの国境が封鎖されて逃げられなくなる。

ロスの作品に出てくる恐怖って、東欧的な部分もありますけど、アメリカ固有の人種差別や暴力もあります。よく言われることとして、一九世紀に人種差別思想が発展していく上で、アメリカの役割が大きかったというのがありますよね。要するに、奴隷解放後に、依然として黒人を下の方に縛りつけておくために、キリスト教と人種差別主義が合わさった神学が発達したんです。その流れを受け継いでいるのが、この本にも出てくるヘンリー・フォードだったりする。そういう人たちからさらに学んで、ナチス・ドイツの人種差別主義が発展して、南アフリカのアパルトヘイトにもつながった。そういう系譜の源流の一つに、アメリカの人種差別があるんですよ。

石井 そういうマクロな視点もありつつ、一人の子どもから見た社会の変化を描いているところがいいんですよね。主人公は集めている切手を収めたアルバムを何よりも大切にしていいます。彼の夢のなかでワシントンの切手が全部ヒトラーに変わって、グランドキャニオンやイエローストーンの切手には鉤十字が印刷されているという場面がとても恐ろしくて。子どもだから政治的なことはよくわからないけれど、不穏な空気はちゃんと感じ取っているんです。

都甲 子どもの視点って言うのは大事ですよね。つまり、ファシズムや差別がどういうものかと考えるときに、大統領になるリンドバーグはもともと英雄じゃないですか。みんなあこがれていて、かっこいいものとして出てくる。大人も、大きな熱狂の渦のなかでは子どもになってしまい、そうすると「正しいもの」とされたものに無批判に惹かれるようになる。そして「汚い」とされるもの——この小説ではユダヤ系民族なわけですが——が強烈に排除される社会になってしまう。純粋や感動といった方向に社会が行くことによっていかに暴力が生まれるかということが、子どもの視点をとっているからこそはっきりと表現されています。

石井 主人公のおにいちゃんとおばさんも、そこに巻き込まれてファシズムに荷担していくんですよね。

都甲 でも、二人とも普通の時代だったら、ただ単に純粋で考えが足りないだけの人ですよ。

阿部 特におにいちゃんはそう。ファシズムのあとは女に目覚めちゃうし（笑）。

石井 あそこは面白かったです。最後までファシズムを貫くかと思ったら、まさかそっちに進むとは（笑）。

都甲 あと、迫害されていた時代に、ユダヤ人がアメリカでどういうふうに生き延びてきたかもわかりますよね。今だと、ユダヤ系って言われると知識人とか左翼というイメージだけれど、もともとはすごく貧しい移民としてアメリカにやってきて、親戚で集まって仕事をして、外部の攻撃から身を守るためにマフィアみたいになるとか。主人公の親戚って、暴力団員なのか何なのかよくわからない人ばっかりなんですよね（笑）。それで、近所に住んでいるのはイタリア系で、同じように暮らしている。そういう、みんなが忘れているユダヤ系の歴史もこの作品ではよく見えます。家族の話で言えば、互いのつながりが過剰じゃないですか。

阿部　とても過剰。すごく血が濃いというか、手も口もどんどん出る。地方のゲットーから出てきても都市化されずにいる感覚って、ミュージカルや映画になっている『屋根の上のバイオリン弾き』の原作、ショレム・アレイヘムの『牛乳屋テヴィエ』（岩波文庫）にもどこか通じるようで、場所は変わっても共通しているなって思いますよね。

都甲　ゴイム（ユダヤ人以外の民族）がいるケンタッキーなんか行けるか、とか（笑）。

阿部　あいつはベーコンなんか食べるようになった、とか、表現が生々しい（笑）。

都甲　豚肉を使ったソーセージやベーコンを食べ出すと堕落という価値観ですもんね。日本人の考えているアメリカとは全然違う。家族のあり方とか、持って生まれた異教徒への恐怖感などが保存されています。

石井　ジェイムズ・ヤッフェの『ママは何でも知っている』（早川書房）というミステリーを思い出しました。刑事をしている息子が持ち込んだ謎を、ユダヤ人のお母さんが解くという安楽椅子探偵ものです。息子が事件の話をするのは必ず金曜日で、ママの作ったロースト・チキンを食べながらなんです。メニューとか、食べ方とか、ユダヤの伝統を守っているママの言うことが絶対で、いい年した男が逆らえない（笑）。

都甲　食べもので自分たちを定義するっていうのは感じますね。ロスだと『憤激』（未訳）って作品があるんだけど、これは主人公のお父さんが肉屋で、いつも血まみれなんですよ。鋭いナイフで肉を巧みに捌いている。人の話を聞かない一方的な性格で、ユダヤ人としてお前はどうするんだ、みたいに息子に迫るところは『プロット・アゲインスト・アメリカ』のお父さんと同じなんですよね。息子はそこから逃げ出して色々とさまようんですが、最後は軍隊に入って朝鮮半島で人民解放軍に銃剣で刺されて死ぬんです。つまり世界中どこに逃げても、刃物を持った父親のイメージが追いかけてくるわけ。

阿部　カフカにも、そういう「父の伝統」の重さはありますよね。「判決」（『流刑地にて』収録、白水Uブックス）という短編では、父の支配から逃れるべく、最後はプラハのカレル橋と思われる橋から川へ身を投げちゃう。父とのつながり、という伝統の重さは、ユダヤ文学の大きな流れですよね。

石井　『プロット・アゲインスト・アメリカ』のお父さんは努力家で、差別とも真っ向から戦う立派な人だけど、そのせいで家族がつらくなるような場面もある。逆にお母さんはそんなに自己主張しないけど賢くて、いざというときに頼りになる。すごく魅力的なキャラクターだと思いました。

中国の村がレーニンを買う

都甲　続いては閻連科『愉楽』（河出書房新社）です。カフカ賞の傾向が変わってからの受賞者ですね。話としては、もうあらすじからして自由なんですけど（笑）、なぜか中国の明の時代に、全ての地図や行政区から切り離された山奥にパラダイスとしての村があって、そこは天候も温暖で、他の村が飢饉でも必ず豊作なんです。そして住民はほぼ全員が身体障害者なんですよ。そういう人たちが代々生産活動に従事した結果、全員が何らかの特殊能力を身につける。たとえば目が見えない人は、耳が異常に発達して、遠くの方で羽一枚、針一本落ちただけでも認識できる。片足の人は、跳躍力を発達させて何メートルも飛ぶ。その結果、村民たちでサーカス団を結成して、全中国を廻って、膨大にお金を稼ぐようになるんです。そしてそのお金で、レーニンの遺体をロシアから買い取って村に安置して村おこしをしようとする話。何なんでしょうこのあらすじ（笑）。

あとがきには、共産主義がどうこう、とか書かれていますけど、何となくカーニヴァルの描写が面白いから作者もたくさん書いちゃった、みたいなノリで続く話ですよね。だからものすごく長いんですけど、異常な早さで読める。

石井　スピード感のある読書になりますよね。同じ中国の莫言もそうですけど、歌なども取り込んでいて、語り口がアッパーだから、どんどん読めちゃう。

都甲　読者も幻想的な話が楽しくて、ページが一気に進むんですよね。

石井　とにかく変な人がいっぱい出てきて面白い。

都甲　登場人物は多いんだけど、核になっている人物は、おばあさんと孫娘四人、あとは柳さんという県長です。基本的には彼らがやりあっているだけなの（笑）。構造が簡単なのも、読みやすさにつながってるんじゃないかな。

石井　あと、随所で挿入される「くどい話」の書き方が面白い。始めは注釈みたいなんだけど、途中からそのなかで勝手に物語が展開していく。

阿部　細かいエピソードが、注釈にもなって、そこからさらに枝葉のように広がっていくんですよね。大きな話はわかっているから、いかに脱線してもいい、という感じで、脱線を回収しないでそのままにしてる（笑）。「あれどうなったの？」って読者に感じさせないくらい、どんどん進んでいくんです。

都甲　「中国のガルシア＝マルケス」なんて言われたりもしますが、感覚的には全然違う気がしますね。『愉楽』って、たとえばチェコの人からすると、とても不思議で幻想的な話なのかもしれないけれど、中国の人からするとけっこうリアルなんじゃないかなって思うんです。

マキシーン・ホン・キングストンっていう中国系アメリカ人に『チャイナタウンの女武者』（晶文社）っていう作品があるんですが、これも舞台は中国の村です。男たちがみんなアメリカに出稼ぎに行っていたときに、お嫁さんが浮気しちゃう。それがバレると、その奥さんの家を村人全員で襲撃して、家畜の首を全部刎ねたり、家を壊したりするんです。それでその奥さんは井戸に飛び込んで自殺するんですが、家族のなかでは初めからいなかったことにされる。
この作品は、アメリカでは幻想的なものとして捉えられているですけど、中国人の留学生に訊いたら「こういう話、中国ではよく聞きますよ。全然幻想的じゃない」って言うんですよ。つまり、中国の「普通」がわかっていないと、必要以上に幻想寄りに読んじゃう恐れがある。『愉楽』では、県長がほぼ皇帝状態でしょ。法律よりも上にいる。こういう運営は本当にあるんだと思います。ユートピアは人里離れたところにしかない、ということの本の感覚は、実は中国の現実そのままで、そういうリアルな感覚をガルシア＝マルケス風に書いているから、結果として日本の読者にはとても不思議なものになっているんじゃないでしょうか。
マルケスの『百年の孤独』（新潮社）でも様々な年代を語りながら、同じような名前の人が何回も出てきますけど、『愉楽』にも年代はたくさん出てきます。しかも、「庚申」など、西暦じゃなくて中国の暦なんです。

阿部　時間の流れが世界標準ではなく、中国なんですよね。

石井　干支が一回りするような感じだから、読んでいる地点が何年なのか全然わからない（笑）。

阿部　一応括弧で西暦が入っているんですけど、原文にはそれもないらしい。今でも中国ではそういう時間感覚なんでしょうね。

都甲　それから出てくる土地も、ものすごく広い感じがします。犯罪者が山奥に逃げたら、もう捕まえられないような感覚です。

阿部　数年前に中国に行ったんですけど、途中二時間くらいずっと、電気が全くないところを車で移動しました。現地の人は「ここに道がある」と言うんですけど、全然わからない。ガードレールや街灯に日本人は慣れているけれど、そういうものが一切ないところに、中国ではたくさんの人が住んでいるんです。あと、『愉楽』には地方の言葉がけっこう使われてますよね。あれだけ広い国だと、こういう知らない村があると言っても、十分にありうるんじゃないかって気がします。現地の人からしたら『愉楽』の世界は「あるかもしれない」じゃなくて「あるんでしょ」という感じなのかも。知っている世界は少ない、という認識なのかもしれない。

都甲　日本人がアメリカ行って、「日本ってどんなところ?」と聞かれたら、完全にはわからないけど、大体こんな感じかな、って答えるじゃないですか。でも中国人の留学生と話をしていると、「私の生まれ育った省はこういうところだけど、それ以外の場所はあまり知らない。中国人に中国全体の事を聞いたってわかるわけないよ」って言うんです。

阿部　地域によって言葉も食べものも違いますからね。

都甲　だから、自分のところはこうじゃないけれど、奥地に行けば『愉楽』みたいな世界はあるかもね、って、中国人は思うのかもしれない。ただ幻想的に読むんじゃなくて。

阿部　県長と、彼にどうやって取り込もうとする人たちの物語だから、設定さえ変えればいろんな中国の省に置き換えられそうですよね。マルケスよりも、作者が登場人物に近い感じが読んでいてしますよね。弱い立場の人の声がリアルというか。血も汗も涙も読者にかかってきそうなくらい（笑）。マルケスはもうちょっと距離が離れている気がする。俯瞰しているというか。

都甲　マルケスのインタビューを読むと、ヨーロッパのアヴァンギャルドな文学概念を使ってコロンビアについて書こうとして、コロンビアの語りの伝統と混ぜ合わせたらいいのでは、と思いついたそうです。実は彼はすごく意識的に作っているから、作品も「芸術」って感じがするんだけど、閻連科は「書いてみたら書けちゃった。面白いって言われたからもっと書いちゃう」みたいな感じですよね（笑）。別に芸術じゃなくてもいいや、ってくらいの気持ちなのかなと思います。

石井　貧しい農村から脱出するために創作を始めた人ですしね。

都甲　ハ・ジンっていうアメリカで書いている作家とも経歴が似ていて、彼らが若かった頃は、文化大革命の影響で優秀な子でもなかなか学校に通えなかった。当時中国で唯一教育機関として機能していたのが軍隊だったんです。だから彼らは、極端に年少のときに人民解放軍に入って、そのなかで読み書きを習い勉強していく。

石井　その二人だけでなく、莫言も同じような経歴ですね。

都甲　インテリの作られ方が、他の国とは全然違うんですよ。その人たちが世界に散らばって、現在激しい本を書いている。すごく面白い状況なんだけど、彼らの作品は中国の共産党や軍には好かれていないみたいですね（笑）。

石井　閻連科は、何度も発禁処分を受けていますしね。社会主義文学としてはどう読めるんでしょう。

都甲　たとえば柳県長は、官僚制のなかでイデオロギー教育を受けて育って、権力の階段を上がることとお金儲け以外全く興味のない人として描かれています。

阿部　でもこの人は、巡業から帰ってきたら奥さんが浮気しているし、社会主義の階段を登り切れてはいないというか、別の生き方もあったんじゃないかと読めますよね。レーニン廟を作って観光客を呼ぶって考えも、むしろ資本主義的じゃないですか。そのあたりの評価は難しいですよね。深読みして「だから資本主義はダメなんだ」というふうに考える人もいるかもしれない。

都甲　社会主義の根本的な動機はユートピア主義で、別にでっかく儲けたりせず、小さいコミュニティでみんな幸せに暮らせばいいじゃない、という考えでしょ。だから、舞台の村自体がある種の社会主義ユートピアなのかな、とも考えられますよね。だってみんなが、どんなに障害があっても協力しあうんだから。映画『チェブラーシカ』で、孤独なチェブラーシカが動物たちと友達になって、みんなの公園を作るのと似ています（笑）。

石井　理想郷として存在してるんですよね。

都甲　一見『愉楽』は社会主義批判に見えるけど、実は資本主義批判、そして社会主義の真の魂は失われていないぞ、って話なのかもしれない。

阿部　だからこそ、『愉楽』は珍しく発禁にならなかったんでしょうかね。

都甲　あと、村長っぽい地位にいる茅枝婆の権力の源は、毛沢東と一緒に共産党に付き従って延安にいたっていう事実です。戦っていた初期の共産党への信仰が残っている。

阿部　毛沢東崇拝は揺るがないんですよね。

都甲　それに関連して面白かったのが、柳県長が共産党の偉人たちの肖像を偉い順に並べて、自分はこれくらいかなってちょっとずつ位を上げていくシーンです（笑）。とにかく自由で、面白い場面のたくさんある作品ですね。

異星人、バルセロナを歩く

石井　私が持ってきたのはエドゥアルド・メンドサの『グルブ消息不明』（東宣出版）なんですが、もう大好きなんです。

都甲　僕も大好き。でも、文学作品として褒めるのは難しいかな（笑）。

石井　一九九〇年のバルセロナ（作中の表記はバルセローナ）に二人組の異星人が調査にやってくるんです。部下のほうのグルブが調査に行ったまま消えてしまい、上司の「私」が、バルセロナ中を探し回ります。

まず面白いのは、この異星人は形を持たない「純粋知性体」なんですね。だから地球を視察するときは『地球星内同化可能形状推薦目録』という有名人のカタログに載っている人に化けるんです。ゲイリー・クーパーとか、ローマ法王とか、ルチアーノ・パヴァロッティとか。色々な姿でバルセロナを歩き回って、遭遇した出来事を淡々と報告していく。当時のバルセロナは二年後にオリンピックを控えていて、急速に都市化が進んでいるんですね。で、「私」は地球に慣れていないから、外に出た途端やたら車に轢かれたりする（笑）。

都甲　そもそも作りが雑なんですよね（笑）。

石井　落ちた自分の首を噴水で洗ったり（笑）。

都甲　いいなと思ったのは、疲れると体がバラバラになるシーンです。「腕が一本落ち、足も一本、それに両耳も落ちた。舌は長く垂れ下がったので、ベルトに結わえておかなければならなかった」とか、体の組成が適当なんですよね。

石井　宇宙人の視点だから、見るもの全てが異化されるんです。やたら主人公が穴に落ちるのは町中工事しているからで、それはオリンピックの前だから公共工事をたくさんしているということなんですよね。そこで暮らしている人間はあまり注意を払わないけど、宇宙人の目を通して見ると、どこもかしこも穴だらけというのは異様な風景に思えてくる。

都甲　メンドサ自身がこういう捉え方の人なんでしょうね。一つ一つがとても変です。たとえば、主人公の行動は大体合っていても、細かいところで必ず間違えるでしょ。買い物に行っても、ネクタイを九四本買うとかハムを七十本くださいとか、バービー人形のパンツだけ一一二枚買うとか（笑）。

石井　銀行口座を開設するときに数字を操作したから、いくらでもお金はあるんですよね。

都甲　それにしても買い方がおかしい。あと食欲も異常で、チュロスを十キロ買って一食分とか、いくらなんでも食べ過ぎです。

阿部　カロリーが相当高そう。

石井　あと、突然家族が欲しくなって恋愛するところもいいです。

阿部　口説く手紙を一生懸命書き続けて、ストーカーみたいになっちゃう。あと、意中の女性の部屋に始めは塩を借りに行くんだけど、どんどん他の食材も借りて、最後には料理に必要なものをほぼ全て借りようとするところもいいですよね。漫才で言えば、ずっとボケまくっていて、ツッコミがいない状態。

都甲　こういうメチャクチャなものを受容して楽しめるというのは、カタルーニャの文化レベルがすごく高いからですよね。他の二作と比べてかなり洗練されてる気がします。

阿部　抑えているというか、読者が主人公にツッコみたいと思うその気持ちは、作者も同じだと思います。それを全てお任せしている。読者を信頼しきっているんですよね。バルからの帰り道、数分おきに嘔吐するとか（笑）。反復がたくさんあるんですよね。

石井　コピペで一部だけを変えていくっていう文章の作り方もユニークです。分厚い本でもないですし、笑いながらさらっと読めます。

都甲　冒頭にある「著者の覚え書き」でも、新聞連載だったからあまり本気にならずに書いたらすごく評判になってたくさん売れた、って書いてあって脱力してしまいます（笑）。でもこれ意外と正しいんじゃないでしょうか。作家は文学書くぞ、名作書くぞと意気込まず、『グルブ消息不明』みたいに力を抜いて、ジョークを積み重ねるだけでいいのかもしれない。

好きな部分がたくさんあるんですけど、なかでもいいのはレストランで料理を注文するシーンです。「生ハム、生ハム・メロン、メロンの三品を頼む」って、地球の研究がいまいち足りてない（笑）。

石井　実は原子力発電所の事故とか、不穏なことも起こっているんですよね。でも、とにかく宇宙人の言動がおかしくて可愛い。既存の枠組みを外してみたら都市ってこんなところなんだという発見に満ちています。

阿部　後半バルのホアキンさんと人情話っぽくもなるじゃないですか。病気で入院しちゃったから、もしものことがあったら自分がバルを継ごうかな、なんて考えちゃう。

都甲　調査で地球に来たのにおかしいでしょ（笑）。

阿部　段々人間っぽくなってくるんですよね。

都甲　主人公はしょっちゅう外見を変えるじゃないですか。美女になると男が寄ってきたり、法王になるとみんな話を聞いてくれたり、哲学者になると難しい話はやめてくれって言われたり。ここまであからさまに、人は見かけで判断しているということを書かれると、逆にさわやかですよね。

ちょっと近いなと思ったのは、セサル・アイラの『文学会議』（新潮社）です。これもすごくくだらない。カルロス・フエンテスのクローンを大量に作って地球を乗っ取ろうと思って細胞を取ってきたら、それはフエンテスのシルクのネクタイの細胞で、巨大なカイコが大増殖してしまいます（笑）。くだらなさの方向性が似ているような気がしました。アイラのほうがダイナミックだけど、冗談を冗談でつないで展開していく形はメンドサと似ている。

石井　メンドサの『奇蹟の都市』（国書刊行会）の解説によれば、スペイン文学は一九五〇年代までリアリズム文学が主流で、六〇年代に入って実験的な小説が台頭してきた。メンドサはポップなサブカルチャーやラテンアメリカ文学、フェミニズムの影響下で作品を発表した〈六八年の世代〉と呼ばれる世代を代表する作家の一人だそうです。

都甲　日本で言うと誰になるんだろう。

阿部 筒井康隆じゃないでしょうかね。世代的にも。

石井 確かに筒井康隆が好きな人にはおすすめしたいです。

阿部 感覚としては近いと思います。

都甲 筒井康隆が、ヨーロッパ風のおしゃれな感じになったような作品なのかな。バルセロナがあるカタルーニャ地方って、スペインとイタリアの間ですよね。イタリアのおしゃれな文学にも近いかもしれない。

阿部 スペイン文学にも王道はあるじゃないですか。そうじゃないところというか、違う視点から描いていく、斜に構えた視点なのかもしれない。

石井 他に書いている本も変な内容みたいです。

都甲 こういう人の翻訳が、もっと増えて欲しいですよね。

石井 もっとたくさん読みたいです。

今後の受賞者は予測不可能？

都甲 これからカフカ賞ってどうなるんでしょう。完全に予測不能なんですが（笑）。

石井 ユダヤとチェコから離れちゃいましたからね。

都甲　ノーベル文学賞って、そうは言っても獲る人は立派でしょ。でも、閻連科やメンドサはノーベル文学賞を獲らなそう（笑）。こういう抜けているところがあって、なおかついい作品を書いている人に賞を出すって素晴らしいことだと思います。今後もこういう人が獲り続けて欲しいです。

石井　どう転んでも立派とは言えない人たちに（笑）。

阿部　ユーモアというか、単に政治的、社会的なだけでない世界を描いている人に獲って欲しいですよね。ちゃんとリサーチするなら、チェコ語訳がある作家をまずは探しましょう（笑）。

都甲　今日取り上げた作家全員にチェコ語訳が存在するというのも、よく考えるとすごいことですね。

［三人が選ぶ、今後受賞してほしい人］

都甲　町田康

阿部　オルガ・トカルチュク、リュドミラ・ウリツカヤ

石井　セサル・アイラ

Chapter Eight

Speakers in This Chapter

話し手＝

都甲幸治

阿部公彦

倉本さおり

理解するということについて

「エルサレム賞」

Data

正式名称：社会の中の個人の自由のためのエルサレム賞

主催：エルサレム国際ブックフェア（イスラエル）

開始年：1963 年（2 年に 1 度）

賞金：10,000 米ドル

センスのいい文学賞

都甲　エルサレム賞って、二〇〇九年に村上春樹が受賞するまで全く知らなかったんですよね。カフカ賞と並んで、村上春樹が日本に広めた賞です（笑）。だから、授賞式で彼がスピーチしたとかメディアが盛り上がっていても、何のことやらさっぱりでしょ。受賞することで、イスラエルの政治的事情にどう絡んでしまうのかとか、何もわからない。

　調べてみると、エルサレム賞って二年に一回、作家に与えられる賞なんですよね。しかも、ユダヤ系やイスラエルのための賞だとはどこにも書かれていないし、受賞者の並びもそういう感じではないですよね。単純に、同時代の世界文学で、非常に有名かつ、ノーベル文学賞を獲っていなかったり、獲る直前の作家に与えられる賞といった感じです。僕の好きな作家が目白押しだし。

倉本　すごくわかります。実際に読んでみたら私も好きな作品ばかりでした。

都甲　これを選んでいる人たちはセンスいいですよね。ボルヘスとかクンデラとか。アメリカからはデリーロやソンタグが入っているのもいい。特定の人種だけが獲っているわけでもないし。

阿部　これからエルサレム賞を獲ろうとがんばるなら、いろんな国に散らばらないといけない（笑）。

倉本　ただ、よく見ると入っていない地域もありますよね。アジアは村上春樹だけ。あと、イスラム圏も迂回しているのかなっていう感じです。

阿部　ヨーロッパ中心的、大国中心的なところは多少ありますね。なぜかアメリカが一九九九年から三回連続で受賞していますし。法則があるような、ないような。今回紹介する小説はどれもクールで、暑苦しい小説ではありません。どれも心理描写が卓越した作品です。

倉本　何となく、全体的にあまり土着っぽくない感じがするというか。他の賞だとそういう作品が混ざっていることが多いですよね。マルケスとかラテンアメリカ系のいかにも「現地」っぽい空気感の作品を書く作家とか、ボミフル・フラバルみたいな東欧ものとか。でもエルサレム賞はそういう雰囲気が希薄です。

都甲　土着っぽいというか、カーニバルっぽい作品は確かに受賞していないですね。

倉本　日本人には絶対にない感覚、といったものが書かれている印象は少なくて、わりとどんな人でも読みやすい作品を書く作家が獲りやすいのかなという気がします。

阿部　今回選んだ作家だと、英語圏のクッツェーとマキューアンはいかにも英語圏的というか、大学の創作科っぽいきれいな書き方です。

都甲　ちゃんと話が成立しているんですよね。

阿部　そう。そして読者に親切。

セクハラ教授が墜ちていく

都甲　まずは南アフリカ出身の作家、J・M・クッツェーの『恥辱』（ハヤカワepi文庫）について話していきましょう。

阿部　クッツェーは一九八七年と、かなり早い時期に受賞しています。『マイケル・K』（岩波文庫）の数年後ですね。今回紹介する『恥辱』は一九九九年の作品なので、賞を獲ってからだいぶ後のものなんですが、『マイケル・K』と作風は通じるところがあるし、賞を獲るような作家だということも十分わかると思います。

『恥辱』には、世間で話題になりがちなネタがたくさん仕込まれています。大学教授のセクハラとかPC（政治的正しさ）とかが何かと話題になった一九九〇年代に、それをいち早く設定に取り入れている。他にも動物愛護や、マンデラ登場後の南アフリカなど、注目を浴びやすいものがいくつも出てきます。ストーリーとしては、井原西鶴の『好色一代男』（岩波文庫など）みたいな主人公が出てきて、いきなり好き放題やっています。この男はもともとモテ男なんだけど、ややそのモテぶりに翳りが出てきた五十歳過ぎの大学教授。そんな男が女子大生にやや強引なモーションをかけていかにも見苦しくつきまとった挙げ句、セクハラの廉《かど》で大学を解雇されます。つまり、主人公がどん底に落ちた最悪の地点から小説が始まるわけです。

倉本　大学教授のセクハラ問題で言えば、二〇一五年に日本でも舞台『オレアナ』が上演されましたが、これは一九九二年のアメリカでの初演時に、女性の観客はみな拍手喝采だったけれど、多くの男性はブーイングして帰った、なんて逸話がある作品です。ハラスメントの内容は異なるけれど、男女の言い分が全く嚙み合わない点はちょっと『恥辱』に似ていますよね。

阿部　確かにそうですね。『恥辱』はそういう状況がスタート地点。そのあとどうなるのかというと、あまり改善しない（笑）。地方に住む実の娘のところに転がり込んで、ピリピリしながら共同生活をします。その後がさらにひどい展開で、家にやってきた黒人三人に娘はレイプされ、主人公は火をつけられて髪から眉毛から睫毛まで焼けてしまう。ここがアクションとしては山場ですね。そこからどう回復するかが後半の展開の中心なんですが、単に「丸く収まってよかったね」というふうにはなりません。娘はレイプされてできた子どもを絶対堕ろさないって言い張るし、主人公はどんどん深みにはまっていく。

ただ、こうしてまとめるとあらすじとしては大変悲惨なのですけど、文章が非常に洗練されていて、けっこう気持ちよく読めます。アイロニーが効いているけれども、読んでいてすっと入ってくる。クッツェーって、非常によく文章を推敲する人なんです。だから、軽く書いてある風に見えるし読み心地も軽快なんだけど、注意して見ると実に隙がない。

都甲　本当によく練られてます。読んでいてなかなかわかりにくいところも、しっかり「ここがわかりにくいですよ」っていうことがわかるような作りですよね。たとえば、娘がレイプされても堕胎しないとき、主人公がむしろこうやって生命が続いていくんだ、って思うところです。彼がなんでそうやって思っちゃうのかなって、すごくわかりにくいんだけど、それ以外の部分がわかりやすいから、疑問がきれいに浮き出ている。ちゃんと読者がその部分を考えるように誘導していて、とにかくうまい。

倉本　レイプや堕胎について主人公が娘と喋っているシーンとかを読むと、こういう言われ方をしたら娘は嫌だよな、っていうのは何となくわかります。

阿部　主人公の持って生まれたセクハラ性みたいなものがわかる？

倉本　そう（笑）。見るからに下賤なタイプではないからかわいそうでもあるんだけど、これじゃあ娘は嫌な気持ちになるよなあって納得しちゃうんです。

都甲　娘が主人公に、あなたには私の思っていることは何もわからない、って何度も言うんですよね。でもその理由を彼女は絶対に説明しない。人間と動物には上も下もなくて、私は動物のように生きると決めたから、お父さんにはわからない、って娘は言うでしょ。

理屈ではわかるんだけど、こういうことを言う娘の感情ってどういうものなんだろう。

倉本　動物的って言葉は自分を卑下しているようなイメージを与えると思うんですけど、多分娘が言おうとしているのはそういうことではなく、お父さんが頭のなかで構築している言い訳だらけの世界を否定するための言葉なのかな、って思ってました。

都甲　父親を批判するための立脚点として動物を使っているんですね。

倉本　そう。相手を批判する手段として、自分はロジックを使いたくない。相手の土俵に乗りたくないから感覚を用いたいんです。私はお父さんとは違う、という意識が、そういう部分にも表れているんじゃないかな、と。最後のほうで、娘が地域の長みたいな黒人ペトラスの第三夫人になろうとするくだりがあるじゃないですか。

都甲　そうそう、地元の胡散臭い男の第三夫人になって、彼に土地を与える代わりに、性的関係は持たなくとも保護だけはしてもらう、って娘が言い出して、主人公には完全に理解不能になっちゃう。

倉本　最良の選択とは言わないですけど、彼女の目の前の状況と、手の届く現実との折り合いを考えると一番マシな選択肢がそれだったんじゃないでしょうかね。ぐだぐだ言ってたってしょうがないじゃない。生活が先でしょ、という感じ。ありものを工夫して生きるというか。そういう娘の視点は、ちょっと飛躍してしまうかもしれないですけど、津村記久子の『エヴリシング・フロウズ』（文藝春秋）なんかとも共通しているんじゃないかなと思います。あまり高みを見ないというか。

阿部 いきなり津村記久子!? 意外で面白い。

都甲 確かに主人公には、ありものでどうこうする、という感覚はないですよね。女子大生との関係についても、彼は美の女神に奉仕するとか言ってるし。きっとセクハラした女子大生も、主人公が言っているほど美人じゃないと思うんですよね。むしろ主人公は自分の頭のなかだけで相手も美女に仕立て上げて、激しい恋を生きているような気持ちに勝手になっちゃう。そういう「崇高」とか「ロマン」みたいな主人公の考えに対抗する手段として、娘の「ありもの」という思考法があるのか。

倉本 すごく印象的なのが、レイプされたあとのシーン。主人公が娘をやっと見つけたら、もうシャワー浴び終わっている。打ちひしがれてベッドに横たわっているんじゃなくて、もうシャワー浴びちゃったの、って主人公は思っちゃう。そういうところで差が出ているんだなって。

都甲 主人公が娘に同情しようとすると、あなたはその場にいなかったし見てもいなかったんだからわからない、って彼女が答えるでしょ。あれもショッキングです。

倉本 お父さんがかわいそうでもあるけど、それが真実でもある。

阿部 主人公のデヴィッドって、理屈で全てを説明しようとするいかにも男的なところがありますよね。バイロンの本を書いてたりするし、昔ながらのロマン主義っぽい。それと同時に、意地っ張りなところもあります。セクハラの審議にかけられて、ここで謝ったら処分も軽くなるだろうな、っていうところでもこだわって謝らない。そういうこだわりと、娘のこだわりってけっこう似ているというか、パラレルに見えます。娘も、こう決めたから最後までやる、というところがあるでしょ。そういう場面では一切ロジックを使わない。

都甲　父と娘の共通点って、他にもありますよね。デヴィッドが途中で犬の安楽死施設で働き始めるじゃないですか。そのときに、死んでいる犬の広がったまま硬直した手足をきちんと整えてあげたりとか、死体に一番苦痛を与えないようにする、という仕事をするんですよね。動物と人間は同等だという娘の考えに彼は批判的だったのに、死んだ動物に対してはまるで生きているかのように接します。親子で反発し合っているように見えて、実はこの二人の認識や考え方ってかなり共通しているんですよね。作品自体はヨーロッパ的な語りと構造なのに、この内容っていうのがすごい。

阿部　語り手が、自由間接話法を駆使してデヴィッドの内面に嫌らしいくらいグイグイと入っていくじゃないですか。ヤジっているくらいの感覚で語りが展開されていくんですけど、こういうふうにどこまで語り手の領域でどこまでが人物なのかがぼかされるようになるのは基本的には二十世紀小説だと思います。ただ、一九世紀小説でも語り手は「共感」を武器にどんどん登場人物の内面に入っていく。この「共感」の話法が、「動物と人間の関係を見直しましょう」という考えや、奴隷制の問題などとも実は遠くつながっているところが面白いです。他者にどうやって感情移入するか、というのが問題意識としてずっとあるんです。

小説の形式としては、「共感」をきれい事には仕立てていない。語り手は何だか嫌らしい感じだし、常に悪意があって意地悪。何とも言えない軽薄さもずっとあるんですよね。だからデヴィッドは最初から最後まで深い人にはならないんだけど、そこがまたいいんです。深いところは娘にお任せすることで、小説のバランスをとっている。

同時に、わけのわからないものにどう接するか、というテーマがずっと小説のなかに漂っています。レイプの加害者は、この小説のなかで一番の敵、全く説明できない究極の悪のように一旦は登場するんだけれど、実はそうじゃないところで話がまとまっていくのは、この小説の意外とすごいところなんだと思います。

都甲　犯人の一人がしれっとホームパーティーにいたりするんですよね（笑）。

倉本　そうそう、あのカオスっぷりにはびっくりしました。

都甲　わからないものをわかろうとする、という意味では、先ほど名前が出た地域の長、黒人のペトラスも興味深いです。彼が代表している世界は、ヨーロッパ視点の主人公からは見えないものなんです。だから主人公には、やたらとペトラスが力を持っていることや、彼に娘がなびくことが理解できない。クッツェーの他の作品だと『夷狄を待ちながら』(集英社文庫）も、夷狄と呼ばれる蛮族と帝国がぶつかりながら、全くお互いを理解できない話です。構造としてはほぼ同じですが、『恥辱』はより身近な話になっています。
あと、デヴィッドの浅さにはすごく興味があります。自分では深いつもりでいるんだけど、わかることと言ったら大学で教えていたロマン派のことと、女性が美女かどうかだけ(笑)。

倉本 ほぼラストになってから「何にたいしても見る目などないのだ、綺麗な女のことをのぞけば」って言い出して、もう何なんだろうこの人はって(笑)。娘は直感で、主人公の浅さを感じ取っているんでしょうね。だから、あなたにはわからないって言い続ける。

都甲 作者と登場人物を混同するのはあまりよくない読み方なんですけど、クッツェーって実際会うとすごくカッコイイから、この作品もハンサムな書き手ならではの展開なのかなって気もしてきます(笑)。

阿部 クッツェーって、よくそういうことをするんですよね。自分と微妙に似ているけど違う主人公を立てて、わざと「これってひょっとして?」って読者に思わせる。違うに決まっているんですけど。

都甲 クッツェー自身、長年南アフリカの大学で英文学を教えていましたもんね。

阿部 呼び水を撒いているところはありますよね。

低い位置から眺めたイギリス

都甲　次はイアン・マキューアンの『未成年』（新潮社）です。マキューアンは二〇一一年にエルサレム賞を受賞しています。

倉本　マキューアンって、『贖罪』（新潮文庫、全二巻）が映画化されていますし、日本の読者にも馴染みがありますよね。今回選んだ『未成年』は、主人公の六十歳近くの女性裁判官フィオーナがいきなり夫に、もっとセックスしたいんだと打ち明けられるところから始まります。フィオーナのほうは仕事が順調だしもういい年だから、何言ってんだこの人、って感じなんですけど、夫はエクスタシーをもう一度味わいたいと言い、君が相手してくれないなら不倫する、と宣言する。そうやってプライベートがどん底に落とされたところから物語が始まります。

そのときフィオーナのところにいくつか舞い込んできていた仕事の案件のなかに、親子でエホバの証人を信仰する少年・アダムが、白血病なんだけれど信仰のために輸血を拒んでいる、というものがあります。すでにかなり具合が悪くて、すぐ輸血しないと死んでしまうかもしれない状態。彼は一八歳になる直前、つまり未成年なので、裁判所のほうで裁定を下せば輸血ができるんです。裁判のなかで、フィオーナは本人と直接話してみないといけない、と考えて会いに行く。そこで判断力があるのかどうかを確認するんですけど、そのとき、彼女は完全に裁判官目線にはなりきれない。少年の魅力に惹かれ、生かしたいと思って、輸血をするべきだという裁定を下します。少年のほうも、彼女と出会って新しい世界が開けるんですが……という話です。

阿部さんが以前書評で、クッツェーは語り手の目線が低いって書かれてたんですけど、同じ事がマキューアンにも言えると思います。上から目線で批判するのではなく、あくまでも視点人物が低いところにいる。

都甲 『未成年』の場合はどういう感じなんでしょう。

倉本 『未成年』は視点人物が裁判官の女性ということで、物事を裁く立場の人間なんですけど、離婚問題で傷ついていたり、若い男に言い寄られていい気になるのを隠し切れなかったりしますよね。そういう普通の人間の器の小ささを、いかにも俯瞰で突き放して書くのではなく、主人公の目の高さで書いていくんです。そこがいいなって。倫理的なこととか政治的なことって、上の方から語られると鼻白んじゃうじゃないですか。信仰が先か命が先か、なんていう話を偉そうに語ると、かえってありきたりになってしまう。

阿部 確かにそうですね。

倉本 あと、マキューアンの語り手って絶対に被害者側ではないんですよね。『未成年』

の場合で言えば、アダム少年は視点人物にならない。だから最後までアダムが何を考えていたのかはわからないんです。フィオーナ側からの推測だけ。そういうところも、倫理の押し売りじゃなくていいですよね。

都甲　相手をわかろうとすることについては書いてあるけれども、全部わかっちゃうとか、こうすべきだ、みたいな主張ばかりが前に出る、ということはない作り方です。

倉本　マキューアンの他の作品、たとえば『アムステルダム』や『愛の続き』（どちらも新潮文庫）も全部そういう構造。『アムステルダム』は、中心にいる女と関わっていた男たちの目線から物語が語られていくので、女の本当の心理が最後までわからない。そういう語り手の姿勢がいいですよね。色々書いていても「これが正解です」とは絶対に言わない。

都甲　すると、正解にはたどり着けないんだよ、っていうのがマキューアン作品のメタメッセージになっているのか。相手をわかろうとするのは大事だけど、完全にわかることはできないよ、ってことなんですね。

倉本　「正義とはこういうものだ」っていうのが大前提にあって進む小説より、こっちのほうが好きです。

阿部　クッツェーとマキューアンの共通点で言うと、語り手が登場人物のすぐ近くまでニョロニョロっと寄りそって囁き続けていますよね。一見そういうスタイルって、語り手が全てを知っていないと機能しないように思えるけれど、実はそうじゃないというのをこの二人が証明しています。そこがすごいところ。

その副産物としてマキューアン作品に出てくるのは、メロドラマティックな雰囲気。そこが芯になっていて、泣かせたり、いい雰囲気になったりする。先ほど都甲さんがクッツェーのわからなさについておっしゃっていましたが、マキューアン作品にはわかりやすい雰囲気が充満しています。ここはこう理解するべきなんだろうなと、場面の雰囲気が掴みやすい。

都甲　僕は昔はやたらと芸術的な作品ばかり読んでいたんですが、最近は素直に「実はこういうベタなのも好きです」と言えるようになりました（笑）。マキューアンって、クッツェーと並んで現代文学の先端だと思うんですけど、そこにメロドラマの要素が入って通俗的にもなっているというのは、実はいいことなんじゃないかと思います。やっぱり読んでいて楽しいですし。

阿部　使われているネタも、マスコミで話題になったようなものばかりですよね。よくこれだけマスコミに消費された話題を持ってきて、なおかつある種の緊張感を作れるなあと思います。

倉本　あと、マキューアンってテキストフェチみたいな人なんですよね。たとえば『甘美なる作戦』（新潮社）は女スパイが主人公なんですけど、今の日本の感覚でいえば手取り十数万くらいの給料しかもらえなくて（笑）、趣味は安いペーパーバックを買って読むこと。すごくしょっぽい設定。やっていることは、自分が今スパイしている小説家がうっすら共産主義批判の作品を書くようにそれとなく見守れっていう、けっこうムチャクチャな任務なんですが、これは実際あったことらしいんです。そこにさらにテキスト上の仕掛けがあって……と、何重にもネタを仕込んでいるところにすごくフェティシズムを感じます。『未成年』でも判決とか条令文が何度も引用されていて、そこもすごく効いている。

阿部　少年が書く詩も何度も引用されますよね。少年のほのめかしというか、微妙な書き方がうまい。

倉本　ちょっといじわるなところもあるけれど、そういうベタに小説好きなんだろうなっていうところがたまらないです。

都甲　六〇年代や七〇年代のポストモダンの時代には、ちゃんと仕掛けがあればそんなに面白くなくてもいい、という暗黙の了解があったんだけど（笑）、今は仕掛けがたくさんあっても、読んでいて感情的にノレるものじゃないと評価されなくなってきていますよね。

倉本　『甘美なる作戦』でも、主人公は「わたしが好きなのは自分の知っている人生がそのままページに再現されているような作品だ」って言うんですけど、スパイしている作家は「トリックなしに人生をページに再現することは不可能だ」って主張してちょっとした議論になるんです。その両方を兼ね備えているのが『甘美なる作戦』であり、ほとんどのマキューアン作品なんですよ。

都甲　きちんと文学的な仕掛けがあって、でもそれだけではなく恋愛も通俗性もあってと、読者が何重にも楽しめるようになっているんですね。そりゃあ売れるわマキューアン（笑）。

マスコミが話題にするものを取り入れる、という話で『未成年』にはエホバの証人のことが出てきましたが、実は作品の本質とはあまり関係ないんですよね。輸血は是か非かの話になると見せかけておいて、むしろ夫との関係を上手く築けないキャリアウーマンが、人に愛される感覚に目覚め、葛藤する話になっています。作品が読者の予想を裏切っていくところがいいですよね。単純じゃないというか。大きい問題として導入されている要素が、実はほとんど重要じゃないっていうのが大事です。だから細部をどうやって読むかという小説になっていますね。

倉本　『未成年』で一番好きなのは、フィオーナがアダム少年に初めて会いに行くシーン。輸血を拒否したら、死ななかったとしても精神か肉体か、その両方に障害が出るかもしれないんだよって言ったら、アダムが「いやだ、いやだよ」って泣くんです。そのときにフィオーナは「かわいい……！」ってなっちゃって（笑）。「場違いなことに、ふと彼女の頭に料理のレシピが浮かんだ。バターとタラゴンとレモン風味のローストチキン。（中略）この少年を家に連れていって、いやというほど食べさせてやりたかった」なんて記述が入る。私、ここが大好きなんです。

都甲 かわいい、守りたい、育てたいって感情が彼女のなかで動いちゃうんですよね。

倉本 マキューアンは何でこんなに女心を的確に表現できるんだろう……。

阿部 心境描写って、話の飛び方にその人のキャラが出ますよね。何を連想するかによって、その人の心持ちがわかるというか。今回のテーマであるエルサレム賞って、国際的な賞なので読む側は翻訳で読みますよね。そのときに、こういう情緒面がどう伝わるのかというのは面白い部分です。言葉が変わると、細部がどこまで伝わるのか。その点マキューアンと日本語、日本人は相性がいいと思います。

なぜなら食べものの話って、すごく先進国的な感じでしょ。食べもののもっているニュアンスって、背景によってがらりと変わります。イギリス人や裁判官なんて職業の人にとっては、ごく些末で、場合によってちょっとおしゃれになるかな程度のものだけど、国によってはものすごく切実なものになる。ただ、マキューアンの書き方だと、全然こういうコンテクストを共有していない人でも、読んで「おっ」と心動かされるのかな、という気もしますね。「こういう感じ方があるんだ」って逆に学んじゃったりして。

都甲 細部で言えば、音楽のシーンも重要かなと思います。フィオーナはクラシックが得意だけれどジャズは苦手、っていう設定は、法律などの固いイメージのものと、どうしようもなく白人的であることが同一視されていることの象徴で、彼女があこがれるんだけれども到達できないものの比喩として黒人文化が出てきます。ローリング・ストーンズが黒人にあこがれて音楽を始めた感じというか、そういうものがイギリスにはあるのかな。

倉本 それはあるかもしれないですね。たとえば『贖罪』の主人公のお姉さんが恋焦がれる幼馴染の男も、本来は使用人の息子で労働階級ですし。

都甲 マキューアンって労働者階級出身で、上流の人たちに対してずっとコンプレックスを持っていて、自分固有のものとして、下から見たイギリスを書こうとしてきたって『作家はどうやって小説を書くのか、じっくり聞いてみよう!』(岩波書店)という本のインタビューで語っていました。『未成年』もそうですよね。主人公は上流の人でも、作品にはメインから外れた感覚を入れようというマキューアンの気持ちを感じます。

阿部 カズオ・イシグロもそうですが、伝統的な大学で昔ながらの教育を受けたメインストリームの人たちとは違うところから出てきた作家が、強力な流れを今作っていますよね。

都甲 『未成年』にはアイルランド系の若者も出てきますよね。彼らはすぐ犯罪者に仕立て上げられちゃうって話が、本筋とはあんまり関係ないんだけど、ぱって出てくるでしょ。そういうところに、イギリスのなかにいるんだけど見えない人たちの気持ちをマキューアンは入れているのかなと思いました。フィオーナとアダムが病院で歌う曲も、歌詞はアイルランドの詩人、W・B・イェイツが書いた「サリーの庭」だし。

倉本 そういう小道具選びが、ぴったりはまっていますよね。

夢が国を動かす世界で

都甲　次は二〇一五年にエルサレム賞を受賞したアルバニアの作家、イスマイル・カダレの『夢宮殿』（創元ライブラリ）です。『きっとあなたは、あの本が好き。』（立東舎）という本で阿部賢一さんと話したときに、読者は非リアリズムだと捉えがちだけど、よく読むとリアリズムっぽい小説として『夢宮殿』を挙げていらしたんです。一見ひたすら幻想的だけど、アルバニアの風景や雰囲気、オスマン・トルコの感じをカダレは実はリアルに書いていていると。それで興味を持って、あえて僕はソンタグやデリーロではなく、今回はカダレを推薦することにしました。

これ、読むと異常に面白いのに、内容を紹介しづらいんですよね（笑）。というのは、あらすじがほぼないんです。舞台は一九世紀後半のオスマン・トルコ帝国です。名門の家系として、皇帝家とキョプリュリュ家というのがあって、主人公のマルク＝アレムはキョプリュリュ家の人なんだけど、その名字は名乗っていないんです。この人の就職先をどこにしようって親族で相談した結果、一番権力を握ることができて、かつ皇帝と対立した場合でも最も逮捕されにくそうな役所として、「夢宮殿」というところに勤めさせよう、となります。夢宮殿というのは、帝国に住んでいる全ての民族が寝ている間に見た夢が常に報告されてくる場所です。そのなかから、社会的に重要だと思われるものが選抜されて、最終的に「親夢」という形で皇帝に献上されます。こうして夢宮殿で主人公は夢を選別したり解釈したりする仕事を始めるんです。

どうして夢が重要かというと、それを分析すると個人だけじゃなくて集団的無意識、つまり帝国の将来を左右する予言的なものが出てくるからなんです。だから政府は、夢を読むことによって、国家の敵に対して一歩先んじることができる。そういう世界観の作品ですね。

出来事の多くが伝聞という形で書かれているので、読んでいてもどこまでが本当なのかわからないんですよ。主人公が会話している相手の名前もわからないし、彼が他の部署に行こうとしても、役所が広すぎて毎回迷う。そのわりには、適当にドアを開けるとそこが目的地だったりする。読んでいる間、ずっとわからないことだらけなのに異常に面白い。

阿部　所々に、突然妙な具体性が出てくるんですよね。物語との距離感が近い感じがします。「夢」や「宮殿」という言葉で一見壮大な感じに見せておきながら、常に主人公の周りで起きていることに卑近な現実感があるんです。たとえば、マルクの就職先をこぞって親戚全員が心配するところとか。

都甲　ほのぼのするお話がいくつもあるんですよね。就職先を大臣クラスの親戚がすごく心配してくれたり（笑）。

倉本　課長とかがいて、地位が上がると昇給してと、すごく現実的。

都甲　職務内容はメチャクチャなのに、役所の機構自体はちゃんとしているんです。普通の会社みたいなんだけど、同僚の名前や正確な役職名がわからない。向かい合って喋っているのに視線が合わなくて「もし面前にいる相手がドアだったとしたら、取っ手がついているはずのあたりに目をやった」とか、変な描写がたくさんある（笑）。

倉本　あと、職員がみんなファイルを持っているんですよね。書類をすごくしっかり整理している（笑）。そもそも舞台になっている一九世紀後半に、ファイルってあったんでしょうかね。

阿部　日本って、昔はファイルというシステムがなかったそうです。ファイリングというのは明治ぐらいになって入ってきた文化。つまり、分類してファイリングするというのは、近代的で先進的な考えなんです。そういう洗練された感覚が、政治システムの整備や官僚主義と結びついているんだと思います。官僚主義って、ファイリング・システムみたいなものじゃないですか。部署があって、そこに人員が配置されて、という具合に。

都甲　具体性といえば、モスクが並んでいたり、キリスト教徒を異教徒とみなしたりするという、イスラム教徒の目線で書かれていることが新鮮でした。現代的な文学作品で、登場人物がほぼ全員イスラム教徒っていう小説って、日本ではなかなか読めないですからね。

あと、キョプリュリュ家って先祖がキリスト教徒なんですよね。キリスト教が過去のもの、野蛮なものとして出てくるところも面白い。

倉本　イスラム圏って、何だか殺伐としているイメージがありますけど、それだけじゃないんですよね。

都甲　そういうイメージはつい最近できたものなんですね。あといいなと思ったのは、官僚制そのものは世俗的に描かれているんだけど、一方で夢宮殿については「大衆が、ある機構を通じて、あらゆる問題に、つまり国家の盛衰にも犯罪にも影響力を及ぼしてゆく、そのような機構がだね、このように大衆に付与されているのだ」って語られてるんです。これってほとんど民主主義の定義でしょ。ただし参加方法は、選挙じゃなくて夢なんですけど（笑）。表の世界はイスラムのカリフ制みたいなんだけど、裏にある夢想の世界はすごく大衆に開かれている。大衆の思惑が夢に乗って国家に届いて、それで国政が動くんです。

　こういう話になると幻想的に捉えられがちなんだけど、今の中国だって共産党がネットを監視していて、人気取りのために政策を変えたりするでしょ。幻想的に見えるけど、大衆の無意識に根ざさないと政治ってどの国でも動かないんだよっていう面は、すごく現実的だと思います。この本を読んでいると、こういう政策ってありだよなって思い始めちゃうくらい（笑）。

阿部　妙にわかっちゃうんですよね。変なんだけども納得しちゃうというか。これは宣伝文句に書かれている通り寓話なんでしょうかね。全体をただの寓話として片付けちゃうとつまらない気もします。

都甲　本の解説では、社会主義の独裁政権に対する批判としてカダレはこの本を寓意的に書いた、と説明されていました。それも間違いではないと思うけれど、社会主義だけでなくて民主主義の国にも当てはまる批判力を持った作品だと思います。

阿部　日本でも、ブログの批判記事一つで国会の論戦にまで発展することがありますもんね。

都甲　ブログに書くのと、夢宮殿に夢を送るのとはけっこう近いかもしれない(笑)。社会って、案外みんなの妄想で動くものかもしれないですね。

阿部　『恥辱』と『未成年』につなげると、情緒の問題っていうのは共通しています。今、改めて情緒主義が大きなうねりになっているから、人々は安易にそれに便乗してしまいがち。ネットでは情報よりも情緒のほうが広がりやすいですよね。そこに巻き込まれてしまうと、主体がなくなってしまう恐怖があります。

都甲　『夢宮殿』の世界も登場人物たちの主体がないですよね。

阿部　夢自体も情緒的なものですし。

都甲　国民が役人に何でこういう夢を見たんだ、って取り調べられるシーンがありますよね。その調書が四百ページになっても全然取り調べが終わらない。なぜかというと、見た夢のことを彼がもう覚えていないから、っていうシーンが最高です（笑）。

あと気になったのは、武勲詩についてです。一族についての詩が、ラフタっていう弦が一本しかない楽器で演奏される。そのなかに、キョプリュリュ家の何百年もの感情が全て詰まっているって主人公は思ったりするでしょ。ならば武勲詩もある種の夢なのかなって思いました。形式は物語だし。あと、それを歌う吟遊詩人が皇帝に殺されますよね。歌だけでなくて歌い手までもが歴史から消されてしまう。言葉を発する権利こそが実社会を動かすんだということが、確信としてこの作品では語られていると思うんです。このカダレの圧倒的な言葉や文学への信頼感が面白い。

倉本　東欧における文学への信頼っていうのは何となく感じます。ちょっと話は逸れるけど、たとえばミハル・アイヴァスの『黄金時代』（河出書房新社）も、無限にページが増え続ける、ものすごく長い本が中心になっていて、書物の力は無条件に信じられる、という感じがひしひしと伝わる。

都甲　政府や権力は、そもそも自分の思うとおりに世界を解釈する力を持つものなんです。けれども、詩人や作家だって解釈のプロなんだから、ほとんど皇帝と同じ力を持つ、という前提で作品が作られていて、しかもそれが最後まで揺るがない。

阿部　同じ「巨大帝国」の例にからめて言うと、神聖ローマ帝国のソネット詩って、始めはすごく政治的な内容だったんです。というのも官僚が詩を書いていたから。その後近代になってソネットはもっぱら恋愛を語るものに変わっていくんですけれど、もともとは政治にかかわるような人こそがソネットを書いていた。その背景には、多言語的な大帝国の場合、言語習得能力がその人の政治力を左右するということがあった。だから言語的天才が政治のトップに上り詰めることが多かったんです。言語能力を駆使し、説得することで相手を支配することが大事だったんですね。もちろん『夢宮殿』のオスマン・トルコ帝国も同じだったと思います。多言語的な大帝国であればあるほど、雄弁であることは政治的に大事だったんじゃないでしょうかね。

都甲　マルクの捕まっちゃう親戚は、ドイツ語などの外国語がかなりできるという設定ですしね。多言語的な人が権力を持つ世界の小説だというのは間違いなさそうです。だから、吟遊詩人と官僚がやりあっても不自然じゃないんですね。

阿部　あと、暗号解読の話も出てくるじゃないですか。夢を解釈するのも暗号解読の一種。作品の中に、常に解読することへのモチベーションがあるんです。

倉本　言葉に対する畏怖や敬意みたいなものが厳然とあるというか。イスラム圏で発達した、文字を飾り立てるカリグラフィー文化にも通じているのかもしれないですね。

都甲　主人公は武勲詩の内容を、始めはわからないんですが、集中して聴いていると何だかわかるようになってくるとか、古代の夢も全然わからなかったのに段々と読めるようになるとか、読めないものを読むことや解釈についての話がずっと続くんですよね。この本は言葉や物語の力について考えさせられる、とても面白い作品です。

わからないものをわかろうとする

倉本 三作に共通して出てきた「わからないものをわかろうとする」というのは、イスラエルの事情を考えると、やっぱりエルサレム賞の特徴になりそうですね。あと、目線の低さと距離感。

都甲 確かにそうですね。あと、ノーベル文学賞もそうですけど、英語、フランス語、ドイツ語、スペイン語といったヨーロッパの強力な言語は原文で読めるけど、他は翻訳じゃないと読めない人たちが国際的な賞の選考委員になっていることが多いですよね。特にマキューアンは英語もやさしいし。そういう強力な言語で書かれたものについては、非常に微妙で繊細なものも選ぶことができるけど、他の言語で書かれたものについてはざっくりと選んじゃうのかなと思いました。

阿部 それ以外の言語のものは、ポリティカルなものが選ばれがちになるのかもしれない。

都甲 選考がヨーロッパ中心な部分はどうしてもありますよね。

阿部　マキューアンはあらすじだけだと非常におおざっぱというか、ありがちでしょ。でも実際に読んでみると非常にデリケート。

都甲　文学賞って、受賞者のリストに文句を言いたくなることが正直よくあるんですけど、エルサレム賞はヨーロッパ寄りであることを除けば大正解です。ちゃんと受賞作を順々に読んでいったら読者も読み手として立派になれそうというか、外れがないです。こんなにいい作家たちが獲っているんだから、エルサレム賞にはみんなもっと注目してもいいですよね。

〔三人が選ぶ、今後受賞してほしい人〕

都甲　ヴィクトル・ペレーヴィン

阿部　多和田葉子、ジョナサン・フランゼン

倉本　イーユン・リー、ジュンパ・ラヒリ、エトガル・ケレット（審査員だけど）

Chapter
Eight　　理解するということについて 《エルサレム賞》

前作『きっとあなたは、あの本が好き。』に続いて、本書でも多くの人のお世話になった。準備から鼎談本番まで、優れた世界文学の読み手たちと仕事を進めるのは、ただひたすら楽しかった。

中村和恵さんぐらい面白い人ってそういないんじゃないか。ファッションから食べ物まで縦横無尽に語る中村さんの本は名著揃いだが、なにより彼女はしゃべりがすごい。しかもそれがアボリジニゆずりの、地に足のついたポストコロニアリズムと結びついているのだから。中村さんの存在は日本の宝だ。

宮下遼さんとの出会いは衝撃だった。パムクから石川淳まで何でも知っている。しかも本書では船戸与一の楽しみ方まで教えてくれた。トルコという第三世界をフィールドにしながら、現代文学の最先端まで語ることができるというのは、外国文学者として非常に新しいタイプの人だろう。

武田将明さんと話していると、やっぱりケンブリッジ卒で東大の先生って優秀だな、と思う。最近は日本文学評論家としての顔も持ち、活動の場を広げているのも素晴らしい。本書における黒田夏子や目取真俊の分析は最高だった。もちろん本業の一八世紀イギリス文学の話も深い。

瀧井朝世さんとは初対面だったけど、とても有意義な話ができた。外国文学者は現代日本文学に疎いものだ。著名な書評家である彼女は、僕たちに抜けているところを上手に補って、話を今の日本につないでくれた。小野さんがようやく芥川賞を獲れて嬉しい、という愛情に溢れた彼女の言葉が今も響いている。

石井千湖さんって、会うたびにとても賢い人だなと感じる。書店B&Bで対談したときには、僕の著書を読み込んで膨大な準備をしてきてくれた。彼女の鋭い感性と論理的な思考力、綿密な調査を行う根気を見ると、トップクラスの書評家はすごい、と思わざるを得ない。月に三十冊は読むなんて、まさに脱帽である。

江南亜美子さんと会うのは楽しい。京都ではイベントを挟んで八時間も話し込んでしまった。生き方とか本の読み方とか、彼女はどの話題でも真面目でごまかしがない。いつも辛辣で損得に動じない、というのは批評家として理想のあり方じゃないだろうか。今後は長めの評論も読ませてください。

藤野可織さんは芸があるなあ。『愛人』の話をしても、登場する女の子のファッションを大学時代にしていた、なんて話がどんどん出てくる。しかもそれがテクストの正確な読みに基づいているのだから。優れた人っているもんですね。枯れた植物の写真を次々とインスタグラムに上げているなんて面白すぎる。

桑田光平さんとはある読書会で一緒で、驚異的な頭のよさに度肝を抜かれ続けていた。僕がある読み方を提示すると、桑田さんはそれを別の角度からさくっと越えてしまう。毎回見事に負けるのが楽しくて、すっかり桑田さんのファンになってしまった。今回も素晴らしい読みで僕たちを導いてくれた。

谷崎由依さんのことは小説や翻訳で知っていたけど、会うのは今回が初めてだ。彼女は腰が低く控えめで、しかも深い思索に基づいた意見をしっかりと持っている。気づけば僕は初対面とは思えないほど心を開いて話し込んでしまった。学生指導の苦労話とか、もっといろいろ話したかったな。

藤井光さんは僕と同じ現代アメリカ文学専攻なんだけど、僕にないものをたくさん持っている人だ。今回もジョーンズの本を熱く論じながら、現代黒人文学の意義について語ってくれた。課題以外にも何冊も読んでくるなど、努力し続ける姿勢も素晴らしい。藤井さんと会うたびに、もっとがんばらなきゃな、と思う。

阿部賢一さんは本当に完璧な人だね。人柄もいいし、知識も深いし、説明もうまい。おまけにセンスもいいと来ている。外国文学研究者ではまさにトップじゃないか。ロスも東欧文学なんですよ、という一言には圧倒された。チェコ文学の阿部さんに、アメリカ文学の読み方を教わった瞬間である。

阿部公彦さんは僕にとって長らく学会でお会いする偉い人、だったんだけど、今回は気さくにお話しさせてもらえて、とても嬉しかった。若々しい外見と柔軟な精神の持ち主で、まさに憧れの先輩だ。次々と本を出し続ける驚異の生産性一つとっても、なかなか真似できない。

倉本さおりさんのしゃべりは魅力的だ。『恥辱』や『未成年』に出てくる女性たちと一体化しながら、とても僕には思いつかない読みを繰り広げる。それを聞くたびに、自分は全然読めていなかったなあ、と思って楽しくなる。文章を通して、彼女の持つ凄まじいエネルギーに触れる人がもっと増えるといいな。

そして担当編集者の切刀匠さん。何から何まで本当にお世話になりました。『きっとあなたは、あの本が好き。』同様、本書も切刀さんの編集センスが全面展開した本になっていると思う。こういう、若くて優秀な人と仕事ができて幸せです。カバー装画を担当したしきみさんには、とても素敵な絵を描いていただきました。感謝しています。鼎談に参加してくださったみなさま、そしてこの本をお読みくださったみなさま、本当にどうもありがとうございました。

二〇一六年六月三〇日

都甲幸治

西加奈子推薦！
『オスカー・ワオの短く凄まじい人生』
翻訳者、初の対談集

読んで、訳して、語り合う。
都甲幸治対談集

都甲幸治　いしいしんじ　岸本佐知子
堀江敏幸　内田樹　沼野充義　芳川泰久
柴田元幸　藤井光　星野智幸　小野正嗣

『オスカー・ワオの短く凄まじい人生』の翻訳で知られる都甲幸治が、作家、翻訳家、研究者たちと村上春樹から世界文学までを縦横無尽に語りまくる！　さらに、語りおろしとして、芥川賞作家・小野正嗣との特別対談を収録。お互いの作品についてのコメントから、二人の学生時代までを本邦初公開！

目次

四六判、272p、定価：本体￥1500＋税
ISBN978-4-8456-2651-9

この本を読めば、きっとあなたに最適な1冊が
見つかるでしょう――10人の作家・翻訳家・書評家が、
とっておきの本を紹介する読書ガイド

きっとあなたは、あの本が好き。
連想でつながる読書ガイド

都甲幸治　武田将明　藤井光　藤野可織
朝吹真理子　和田忠彦　石井千湖
阿部賢一　岡和田晃　江南亜美子

都甲幸治を中心に、芥川賞作家や翻訳家、書評家たちが集まって、ヨーロッパやアメリカから日本まで、不朽の名作からベストセラーまで、縦横無尽に語り尽くします。共通点は、読んで面白かったこと、という一点のみ。トールキンなんかのファンタジーからホームズものなどのミステリー、谷崎潤一郎や太宰治まで。伊坂幸太郎の青春や『不思議の国のアリス』、そして江國香織から村上春樹まで。大島弓子や萩尾望都についても熱く語ります。

目次

四六判、256p、定価：本体¥1500＋税
ISBN978-4-8456-2749-3

世界の8大文学賞

受賞作から読み解く現代文学の今

2016年9月23日　初版発行

著者　都甲 幸治、中村 和恵、宮下 遼、武田 将明、瀧井 朝世、石井 千湖、江南 亜美子、藤野 可織、桑田 光平、藤井 光、谷崎 由依、阿部 賢一、阿部 公彦、倉本 さおり

発行・編集人　古森 優
デザイン　根本 綾子
イラスト　しきみ
担当編集　切刀 匠
発行　立東舎　rittorsha.jp
発売　株式会社リットーミュージック
〒101-0051
東京都千代田区神田神保町一丁目105番地
www.rittor-music.co.jp

印刷・製本　株式会社廣済堂

出版営業部
TEL：03-6837-5013／FAX：03-6837-5024

お客様窓口：商品に関するお問い合わせ
リットーミュージックカスタマーセンター
TEL：03-6837-5017／FAX：03-6837-5023
E-MAIL:info@rittor-music.co.jp

書店・取次様ご注文窓口：リットーミュージック受注センター
TEL：048-424-2293／FAX：048-424-2299

Printed in Japan　ISBN978-4-8456-2838-4